Aus Freude am Lesen

Alex Capus' Helden sind uneheliche Kinder gefallener Dienstmädchen, leiden an bösen Stiefmüttern, fixen Ideen und körperlichen Gebrechen, sie müssen Hungersnöte, Kriege und Revolutionen überstehen. Trotzdem – oder gerade deshalb – ziehen sie aus, die Welt zu erobern. Das Berner Dienstmädchen Marie Grosholtz erlangt als Madame Tussaud Weltruhm. Der Neuenburger Jean-Paul Marat zettelt mit Danton und Robespierre die Französische Revolution an. Der Aarauer Uhrmachersohn Ferdinand Hassler vergrößert die USA auf Kosten Kanadas. Ein Berner namens Pauli baut das erste lenkbare Luftschiff der Welt. Ein falscher Arzt namens Meyer befreit Griechenland vom Joch der Türken, und ein Glarner namens Zwicky schießt das erste von Menschenhand geformte Objekt in den Weltraum. Wie immer erzählt Alex Capus spannend und amüsant von Menschen, die zäh, geschickt und unbeirrbar zuversichtlich an ihre Fähigkeiten und Träume glauben, die Zeitläufe nutzen und sich durch Niederlagen und Fehlschläge nicht entmutigen lassen.

ALEX CAPUS, geboren 1961 in Frankreich, lebt als freier Schriftsteller in der Schweiz. Seine Bücher werden von der Kritik hoch gelobt und sind in mehr als zehn Sprachen übersetzt.

ALEX CAPUS BEI BTB:
Reisen im Licht der Sterne (73659)
Patriarchen (73757)
Eine Frage der Zeit (73911)

Alex Capus

Himmelsstürmer

Zwölf Portraits

btb

Die Texte über Ferdinand Hasler und Fritz Zwicky sind zuerst in der *Süddeutschen Zeitung* erschienen, der über Eduard Spelterini im Magazin des Zürcher *Tages-Anzeigers*. Alle anderen Portraits entstanden als Serie für die *Schweizer Familie*.

Verlagsgruppe Random House FSC-DEU-0100
Das für dieses Buch verwendete FSC-zertifizierte Papier
Munken Pocket liefert Arctic Paper Munkedals AB, Schweden.

1. Auflage
Genehmigte Taschenbuchausgabe Juli 2010,
btb Verlag in der Verlagsgruppe Random House GmbH, München
Copyright © by Albrecht Knaus Verlag, München,
in der Verlagsgruppe Random House GmbH
Umschlaggestaltung: semper smile, München
Umschlagmotiv: »La Minerve«, Stich, frühes
19. Jahrhundert/Bridgeman Art Library
Druck und Einband: CPI – Clausen & Bosse, Leck
KR • Herstellung: SK
Printed in Germany
ISBN 978-3-442-74075-8

www.btb-verlag.de

Inhalt

Vorwort	7
Madame Tussaud	11
Jean-Paul Marat	24
Regula Engel	39
Ferdinand Hassler	53
Samuel Johann Pauli	67
Hans Jakob Meyer	82
Maria Manning	98
Adolf Haggenmacher	113
Eduard Spelterini	127
Isabelle Eberhardt	155
Pierre Gilliard	170
Fritz Zwicky	184
Literaturverzeichnis	199
Bildnachweis	208

Vorwort

Ich will nicht behaupten, dass Christoph Kolumbus Schweizer gewesen sei – aber ziemlich sicher bin ich schon. Denn zur gleichen Zeit, da dessen Stammvater aus dem Nichts in Genua auftauchte, hatten am Genfer See die Ritter von Colombey ihre Besitztümer verkauft und waren mit unbekanntem Ziel verschwunden, verdrängt vom ungleich mächtigeren Herzog von Savoyen – und wenig später ließ sich vor den Toren Genuas ein gewisser Giacomo Colombo nieder. Daraus zu schließen, dass es ausgerechnet ein Schweizer gewesen sei, der Amerika entdeckte, ist ein wenig kühn und auf den ersten Blick nicht sonderlich bedeutsam. Hauptsache, Kolumbus *hat* Amerika entdeckt und uns Zugang zur Tomate, zur Glühbirne und zum Geist der Unabhängigkeitserklärung verschafft. Aber wenn jemand es unternähme, die DNA des Entdeckers, dessen Nachfahren im Dunstkreis der reichen Herzogin von Alba in Madrid leben, mit dem Erbgut der Einwohner Colombeys am Genfer See zu vergleichen, würde ich den Resultaten mit größtem Interesse entgegensehen.

Die Ritter von Colombey lebten vom transalpinen Handel: Seide und Gewürze aus Genua wurden in die Städte des Nordens gebracht, in entgegengesetzter Richtung transportierte man Wolle, Käse, Leder und Eisenwaren. Das Städtchen Olten, in dem ich lebe, liegt an jenem Handelsweg, und die Terrasse des Restaurants «Stadtbad» bietet einen schönen Ausblick auf die Aare, über die viele Jahrhunderte lang die Kähne der Kaufleute hinunter zum Rhein und weiter nach Köln und Amsterdam fuhren. Mag also sein, dass Kolumbus' Ahnen hier in Olten Station gemacht haben und sich im städtischen Bad – also im «Stadtbad», der ältesten Gaststube der Stadt – den Reisestaub vom Leib wuschen.

Wenn diese Terrasse ein Gefährt für Zeitreisen wäre, könnte ich hier allerhand schöne Beobachtungen machen. Ich könnte Bertolt Brecht über den Aareweg gehen sehen, der im Hotel Bornhof eine Nacht verbrachte und über Olten schrieb: «Ein trostloser Ort.» Im Herbst 1916 würde ich Lenin sehen, der im Hotel Aarhof die zwei russischen Zahnarztgehilfen des Doktor Siegrist traf, die laut Einwohnerregister gleich neben meinem Haus an der Elsastraße 11 wohnten, vielleicht auch Rosa Luxemburg, die vor der Lastwagenfabrik Berna die Arbeiter aufgestachelt haben soll, und am 20. Juni 1878 Friedrich Nietzsche, der auf der Oltner Froburg das Alpenpanorama betrachtete und sich hernach ins Gästebuch eintrug. Ich sähe die Auswandererkähne auf ihrem Weg nach Le Havre und Amsterdam, dann ein Berner Dienstmädchen namens Marie Grosholtz unterwegs nach London, das als Madame Tussaud weltberühmt werden sollte, oder den zehnjährigen Mozart, der hier im Frühjahr 1766 ein kleines Stück flussaufwärts vorbeikam, und das amerikanische Kampfflugzeug, das im Wald zerschellte, und das Luftschiff Eduard Spelterinis, das hinter dem Engelberg verschwand. Ich sähe napoleonische Soldaten und römische

Legionäre, Kreuzritter und Kelten, Langobarden und die weiß bemalten UN-Panzer, die nachts auf Tiefladern der Deutschen Bahn nach Jugoslawien transportiert wurden.

Ich sitze gern hier und schaue hinunter auf den Fluss, und ich liebe mein Städtchen sehr. Aber ich bilde mir nicht ein, dass es sich in irgendeiner Weise auszeichne vor den anderen fünftausend großen und kleinen Städten Europas. Fast jede Stadt liegt an einem Fluss, über den einst Wikinger, Träumer und Himmelsstürmer zogen, und überall hat es uneheliche Kinder gefallener Dienstmädchen gegeben, die an bösen Stiefmüttern, fixen Ideen und körperlichen Gebrechen litten, und zahllos sind die bettelarmen Burschen und Mädchen, die während Hungersnöten, Kriegen und Seuchen ausgezogen sind, die Welt zu erobern. Vielleicht war Kolumbus ja gar nicht Schweizer, sondern Korse, Ostfriese oder Bosnier, das will ich gar nicht ausschließen — jedenfalls nicht, bis die DNA-Analysen vom Genfer See vorliegen.

Wenn ich das Treiben auf meinem Fluss betrachte, kommt es mir vor, als ob hier jeder, den es je gegeben hat, irgendwann vorbeigekommen sei und jeder mit jedem bekannt war oder zumindest jeder einen kannte, der einen kannte, der mit dem anderen zu tun hatte; kommt hinzu, dass wir alle die Enkel unserer Ahnen und die Großeltern unserer Nachfahren sind. Jedenfalls glaube ich fest daran, dass alle Menschen Brüder sind — das ergibt sich allein schon aus der gentechnisch belegten Tatsache, dass sechzehn Millionen heute lebende Männer direkte Nachfahren Dschingis Khans sind, oder dem unleugbaren Umstand, dass meine Tante Nayid — also die Ehefrau des zweitältesten Bruders meines Vaters — eine Urgroßnichte des vorvorlezten Schahs von Persien war; oder aus dem historisch nachweisbaren Faktum, dass ich selbst einmal im Vortrieb des neuen Lötschberg-Eisenbahntunnels mit Prinz Charles ein Schwätzchen gehalten habe. (Er sagte: «It is rather noisy, isn't it?» Und ich antwortete: «It is indeed, Your Royal Highness.») Wir sind alle Brüder und Schwestern, und alles hängt mit allem zusammen, und deshalb ist alles von Bedeutung – die kleinste unserer Taten, die geringste unserer Unterlassungen. Daran glaube ich, und das ist mir ein steter Trost und ein großes Vergnügen.

Olten, auf der Sonnenterrasse des «Stadtbad»,
im Februar 2008

1 Madame Tussaud

Um 1765 konnte man, falls uns niemand angelogen hat, in den Gassen der alten und mächtigen Stadt Bern ein vierjähriges Mädchen namens Marie sehen, das Wäsche zur Aare trug, Brot beim Bäcker besorgte und Brennholz die Treppe hochschleppte. Sie unterschied sich in nichts von den anderen Kindern, die zu Hunderten durch die Kramgasse, die Gerechtigkeitsgasse und die Judengasse wuselten und von denen die meisten bald an Cholera, Tuberkulose, Diphtherie oder schlechter Ernährung sterben würden. Marie aber überstand ihre Kindheit dank Glück, robuster Gesundheit und zärtlicher Fürsorge und lebte ein märchenhaft langes Leben. Sie zog in die Welt hinaus und ging in den prächtigsten Schlössern der Welt ein und aus, schmachtete im finstersten Verlies und entkam, nachdem ihr der Henker schon den Kopf geschoren hatte, nur knapp der Guillotine. Und als sie schließlich hochbetagt starb, war sie weltberühmt als die geschäftstüchtigste Künstlerin aller Zeiten.

Dabei hatte alles ganz schlecht angefangen. Ihre Mutter hieß Anna Walder, war Dienstmädchen in Straßburg und erst siebzehn Jahre alt, als sie ungewollt schwanger wurde, angeblich von einem achtundzwanzig Jahre älteren Frankfurter Söldner namens Joseph Grosholtz, der aber kurz vor der Geburt des Kindes seinen Kriegsverletzungen erlegen sein soll. Jedenfalls war die Mutter allein, als die Wehen einsetzten. Und als die kleine Marie am 7. Dezember 1761 in der Kirche zu Sankt Peter getauft wurde, waren laut Taufregister weder die Mutter noch der Vater anwesend, sondern nur ihre Hebamme und der Kirchendiener, der gleichzeitig als Taufpate fungierte. Derart in Armut alleingelassen, mussten das Kind und seine Mutter, die selbst noch ein Kind war, unausweichlich in der Gosse landen, aus dem Haus gejagt von ihrem Brotherrn und verstoßen von den Familienangehörigen, die sie irgendwo haben mochte, worauf beide ziemlich bald gestorben wären, ohne der Nachwelt die geringste Spur zu hinterlassen.

Diesmal aber nahmen die Dinge nicht den üblichen Gang, denn es trat ein rettender Engel auf. Philipp Curtius war vierundzwanzig Jahre alt und adlig, stammte aus Stockach am Bodensee und praktizierte als Arzt. Irgendwo, irgendwann muss er Anna Walder begegnet sein, vielleicht kurz nach Maries Geburt, möglicherweise aber auch mehr als neun Monate zuvor. In späteren Jahren behaupteten manche, eigentlich sei Curtius Maries leiblicher Vater gewesen und nicht Grosholtz – denn Letzterer sei im März 1761, also in den Tagen, da Marie aller Wahrscheinlichkeit nach gezeugt wurde, gar nicht in Straßburg gewesen, sondern mit General Würmser auf den Schlachtfeldern des Siebenjährigen Krieges. Nun ist zwar auf den Soldlisten des Generals kein Soldat namens Grosholtz zu finden, und auch Curtius' Aufenthaltsort zum Zeitpunkt der Empfängnis ist unbekannt, aber es spricht doch einiges dafür, dass damals der junge Doktor und nicht der alte Soldat an Annas Seite war. Siebzig

Jahre später jedenfalls schrieb Marie in ihren Memoiren, dass Curtius zur Stelle gewesen sei, als ihre Mutter in Not war, und sie beide nach Bern führte und in einem Haus unterbrachte, in dem er seine Arztpraxis eröffnete.

Das kann tatsächlich so gewesen sein.

Sonderbar ist nur, dass in den Annalen der Stadt Bern die Namen Curtius und Grosholtz nie registriert wurden, weder im Hintersässenregister noch in der Volkszählung von 1764. Entweder also hat sich die junge Familie heimlich und ohne Wissen der Obrigkeit in Bern niedergelassen – was schwierig, aber nicht unmöglich gewesen wäre –, oder Marie hat im hohen Alter ihre Berner Kindheit einfach erfunden, um ihrer Vita eine schweizerisch-neutrale Herkunft zu geben. Unbestreitbar wahr ist aber, dass Curtius ihr zeitlebens in väterlicher Zärtlichkeit zugetan blieb, treu bei Anna Walder blieb und nie eine andere Frau heiratete. Tief blicken lässt schließlich auch, dass er, als es ans Sterben ging, das Mädchen zu seiner Alleinerbin bestimmte.

Mag also sein oder nicht sein, dass Marie aufgewachsen ist in der Zähringerstadt, die über die Jahrhunderte reich geworden war dank der Steuern, welche die Obrigkeit bei den Bauern erhob, und dank dem Sold junger Männer, die man in fremde Kriegsdienste geschickt hatte. Immer höher und mächtiger erhoben sich auf der Halbinsel an der Aare die grauen Sandsteinpaläste der Patrizier, immer prächtiger wurden ihre Sommerresidenzen, die sie außerhalb der Stadtmauern errichten ließen. Die Männer der herrschenden Familien trugen weiß gepuderte Perücken und die Frauen weit ausladende Reifröcke; sie prunkten mit silbernen Tabatièren, zarten Seidenschirmchen und kostbaren Möbeln, die sie in

Paris bei den Hoflieferanten des Sonnenkönigs bestellt hatten. Und wer etwas auf sich hielt, sprach nicht Berndeutsch wie die Bauern, sondern Französisch.

Je höher die von Wattenwyls, Tscharners, Graffenrieds, Steigers und von Steigers sich über das Volk erhoben, desto eifersüchtiger wachten sie über ihre Privilegien. Die Stadt, deren Tore im Mittelalter stets offen gestanden hatten, verschloss sich mehr und mehr allem Fremden gegenüber. Ihre Bürger regierten nicht mehr in republikanischer Freiheit, sondern beugten sich der Diktatur des Geldadels in einem Klima von Angst und Unterdrückung. Begehrten draußen in den Dörfern die Bauern gegen zu hohe Steuern auf, wurden ihre Anführer geviertelt und deren Körperteile zur Warnung weit übers Land verteilt an die Scheunentore genagelt; wenn in der Stadt ein Bürger ungehörige Gedanken aussprach oder auch nur gotteslästerlich fluchte, wurde er zu Galeerenhaft in venezianischen Diensten verurteilt. Der Philosoph Georg Wilhelm Friedrich Hegel, der als junger Mann in Bern Hauslehrer bei der vornehmen Familie Karl Friedrich Steigers war, schrieb entsetzt nach Preußen, «dass in keinem der Länder, die ich kenne, nach Verhältnis der Größe so viel gehängt, gerädert, geköpft, verbrannt wird als in diesem Kanton.»

Man kann sich vorstellen, dass in dieser selbstgefälligen und fremdenfeindlichen Stadt dem jungen, ortsfremden Doktor Curtius, falls er tatsächlich hier war, die Patienten nicht gerade in hellen Scharen zuströmten. Also beschäftigte er sich damit, zu Studienzwecken Modelle menschlicher Organe in Wachs anzufertigen. Bald modellierte und verkaufte er auch Miniaturen ganzer menschlicher Körper beiderlei Geschlechts, und schließlich ging er aus kommerziellen

Gründen dazu über, die Figuren in erotische Beziehung zueinander zu setzen, wofür besonders die Herren eines gewissen Alters und eines gewissen Standes lebhaftes Interesse zeigten. Im Herbst 1765 muss es gewesen sein, dass Curtius Besuch erhielt von Prinz Louis-François de Bourbon-Conti, einem Cousin Ludwigs XV. Ob sich der Bourbone für die naturgetreuen Nachbildungen von Lungen und Lebern interessierte oder eher für die pikanteren Exponate, ist unbekannt. Jedenfalls war er von Curtius' Kunstfertigkeit derart beeindruckt, dass er ihn einlud, seine Wachsfiguren auch in Paris zu zeigen, und ihm eine monatliche Pension sowie eine elegante Wohnung an der vornehmen Rue Saint-Honoré anbot. Dieser nahm an und zog in die Lichterstadt – vorerst ohne die kleine Marie und ihre Mutter.

Philipp Curtius kam zur richtigen Zeit an den richtigen Ort. Paris war in jenen Tagen die aufregendste Stadt der Welt. Noch herrschten die Bourbonenkönige in obszöner Pracht- und Machtentfaltung, aber unter der Oberfläche absolutistischer Herrschaft gärte die Freiheit. Rousseau schrieb «Du contrat social», Voltaire dachte über die beste aller Welten nach. Diderot hielt die Flamme der Aufklärung hoch, de Sade und Casanova zertrümmerten die Dogmen von Sitte und Moral. Und nach und nach tauchten jene auf, die wenige Jahre später das marode Ancien Régime zum Einsturz bringen sollten: Mirabeau, Lafayette, Robespierre, Danton, Marat, Benjamin Franklin.

Bei seiner Ankunft aber musste Curtius feststellen, dass es in Paris schon über hundert Wachsfigurenkabinette gab und er sich anstrengen musste, wenn er gegen die Konkurrenz bestehen wollte. Erst konzentrierte er sich auf die Produktion erotischer Miniaturen, die reißenden Absatz fanden und sich rasch in den Boudoirs und Salons der guten Gesellschaft verbreiteten; bald aber ging er dazu über, die Berühmtheiten des Tages in Wachs zu verewigen. Allmählich wurde Curtius nun seinerseits berühmt für seine Wachsfiguren, die so lebensecht aussahen, als würden sie im nächsten Augenblick husten, auflachen, davonrennen oder nach dem Kutscher rufen. Wer immer gerade Stadtgespräch war, wurde in Curtius' Salon de Cire in Wachs gegossen: Madame du Barry, die Kurtisane des Königs, der Räuber Cartouche, der Würger Lesobre oder der Postillonmörder Lefèvre, dann natürlich die königliche Familie, erst Ludwig XV., dann Ludwig XVI., Marie Antoinette und ihre Kinder.

Nach zwei Jahren hatte sich Curtius soweit etabliert, dass er Marie und ihre Mutter nachkommen lassen konnte. Was für einen Eindruck die Rue Saint-Honoré auf die sechsjährige Marie gemacht haben mag, kann man nur ahnen. Tag und Nacht wimmelte es hier von grell geschminktem, vergnügungssüchtigem Volk, es gab Puppen- und Schattentheater, blutige Tierkämpfe mit Stieren, Wölfen und Hunden, Schwertschlucker und seiltanzende Affen, dann auch Handaufleger, Wahrsager, Magnetisten und Mesmeristen sowie Lustknaben und Huren jeder Couleur. Das Straßenpflaster war knietief bedeckt mit Pferdedung und menschlichen Exkrementen; zu Fuß ging hier nur, wer sich keine Kutsche leisten konnte. Die Pferdekutschen der Grandseigneurs preschten im Galopp durch die engen Gassen, und wenn gewöhnliches Volk unter die Hufe geriet, was Tag für Tag geschah, ließen die Herren nicht einmal anhalten – es sei denn, um nachzusehen, ob ein Pferd sich verletzt habe.

In die Rue Saint-Honoré kamen die wohlhabenden Bürger von Paris, um ihr Geld zu verjubeln, und die Adligen, weil es ihnen am Hof von Versailles zu steif und zu förmlich zuging. Dass Marie in dieser eitlen Welt, in der nur Schönheit, Herkunft und Etikette etwas galt, gesellschaftliche Erfolge feierte, kann man sich schwer vorstellen. Als Tochter eines Dienstmädchens gehörte sie zur Kaste der Unberührbaren. Erschwerend kam hinzu, dass ihrem Französisch zeitlebens ein starker alemannischer Akzent anhaftete, was in Paris seit jeher als unverzeihlicher Fauxpas galt. Und dann war sie auch noch ein hageres, hoch aufgeschossenes und flachbrüstiges Mädchen mit einem vorsichtig abwartenden Temperament und einer Hakennase, in das sich niemand auf den ersten Blick verliebt hätte.

Also streunte Marie nicht auf der Straße herum, sondern beobachtete scharf die Menschen, die sie sah, und machte sich im Kabinett ihres Beschützers nützlich. Schon als kleines Mädchen lernte sie zeichnen und modellieren, Wachs gießen und kolorieren, und an den fertigen Figuren pflanzte sie mit unendlicher Geduld und sicherer Hand Haar um Haar in das Wachs, jede einzelne Wimper, jedes Barthaar, die Brauen. Nach einiger Zeit fertigte sie ihre ersten Wachsfiguren allein an, und mit sechzehn Jahren war sie Curtius handwerklich ebenbürtig und dessen gleichberechtigte Geschäftspartnerin. Erstaunlich rasch entwickelte sie einen sicheren Instinkt für die Sensationslust des Publikums, und bald entschied sie gemeinsam mit ihrem Lehrmeister, den sie übrigens «Onkel» nannte, welche Tagesprominenz man in Wachs verewigen musste, um möglichst viele Schaulustige in ihren Salon zu locken.

Ein verlässlicher Publikumsmagnet war die königliche Familie: Ludwig XVI. und Marie Antoinette beim Frühstück, Prinzessin Elisabeth beim Flachsspinnen, Kronprinz Louis Joseph im Jagdkostüm. Und da über die Jahre Doktor Curtius' Kabinett berühmt geworden war bis hinaus nach Versailles, konnte es nicht ausbleiben, dass auch die Bourbonen die Ausstellung besuchten und dort gleichsam sich selbst gegenüberstanden. Will man Maries Memoiren Glauben schenken, war besonders Prinzessin Elisabeth, die jüngste Schwester des Königs, ein schwermütiges, dickes und zutiefst religiöses Mädchen von vierzehn Jahren, sehr beeindruckt von ihrem wächsernen Konterfei. Will man ihr weiter glauben, so lud die Prinzessin Marie nach Versailles ein, damit sie ihr Unterricht in der Kunst des Wachsmodellierens erteilte. Und will man ihren Erinnerungen wirklich blindlings folgen, so nahm Marie die Einladung im Herbst 1780 nicht nur an, sondern wurde auch gleich zur besten Freundin der Prinzessin, bezog im Nordflügel des größten Schlosses der Welt ein Zimmer neben Elisabeths Schlafgemach und wohnte dort acht Jahre lang, um die königliche Familie im Umgang mit Wachs zu unterrichten und in der übrigen Zeit intimen Umgang mit den Bourbonen zu pflegen.

Man kann das glauben, wenn man will, aber man muss nicht. Das Parkett von Versailles war ein Ort strengster Benimmregeln, auf dem der geringste Verstoß mit sofortiger Ächtung bestraft wurde. Wer damit nicht vertraut war, musste allein schon das Gehen neu lernen: immer schön gleiten, niemals die Füße heben. Weitaus komplexer und schwieriger zu beachten aber waren die Vorschriften betreffend Begrüßungszeremonien, Konversation, Nahrungsmittelaufnahme sowie Kleidung, Frisur und Schminke. Dass sich in dieser Welt ein ungebildetes Berner Dienstmädchen, das zwar gut zeichnen, modellieren und rechnen, aber nur fehlerhaft lesen und schreiben konnte, auch nur eine Stunde ohne Skandal hätte halten können, erscheint kaum vorstellbar. Und selbst wenn die Prinzessin sich Marie zu ihrer privaten Unterhaltung als bäurisches Maskottchen gehalten hätte, so hätte ihr Name auf der Salärliste der fünfundzwanzigtausend Lakaien, die in Versailles in Lohn und Brot standen, aufgeführt sein müssen. Der «Almanach de Versailles» aber, der auf zweihundert Seiten sämtliche Boten und Speichellecker bis hin zum königlichen Hinternwischer mit Namen, Vornamen und Funktion auflistet, erwähnt zwischen 1780 und 1788 Marie Grosholtz kein einziges Mal.

Das will nicht heißen, dass sie Versailles nicht von innen gekannt hat. Gut möglich, dass sie Prinzessin Elisabeth ein paar Tage in der Wachsgießerei unterrichtete und dass die beiden beispielsweise Duplikate von Reliquien herstellten; denn die Prinzessin hing dem Glauben an, dass die Gebeine von Heiligen auch dann Wunder wirken, wenn sie nur als wächserne Kopien vorliegen. Undenkbar ist aber, dass die Bourbonin mit dem Berner Dienstmädchen Hand in Hand über Blumenwiesen spazierte, wie Marie in ihren Memoiren behauptet, und die beiden ganze Wochen in Elisabeths privatem Lustschlösschen in Montreuil verbrachten, um einander die intimsten Geheimnisse anzuvertrauen. Das ist nicht möglich, das hätte am Hof niemand zugelassen. Die Lakaien nicht, und der König schon gar nicht.

Sehr wahrscheinlich ist aber, dass Marie Grosholtz und Philipp Curtius alle paar Wochen die zweistündige Kutschenfahrt hinaus nach Versailles unternahmen, um Anschauungsmaterial für ihre Wachsfiguren zu gewinnen. Denn das Schloss war nicht nur dem Hochadel zugänglich, sondern auch dem gemeinen Volk, das an gewissen Tagen bis in die Speisesäle vorgelassen wurde. In hellen Scharen rannten Kleinbürger, Kutscher und Wäscherinnen über die Treppen, um dabei zu sein beim «Grand Couvert», dem zeremoniellen Diner der königlichen Familie, und sich alles ganz genau anzuschauen: das Besteck aus massivem Gold, das chinesische Porzellan, die hundert Schweizer Gardisten mit ihren roten Hosen und weißen Hutfedern, die im Karree den Tisch umstanden. In ihren Memoiren beschreibt Marie das alles sehr eindringlich und detailgetreu – aber eines wird bei ihren Beschreibungen doch klar: dass ihre Perspektive nicht die eines Familienmitglieds bei Tisch war, sondern die einer Schaulustigen, die zwischen den Hellebarden der Schweizer Gardisten hindurchlugte.

Ende 1788 machten Marie Grosholtz und Philipp Curtius nach dreizehn sehr erfolgreichen Geschäftsjahren eine neue Erfahrung: Sie mussten erstmals die Eintrittspreise senken, damit weiterhin Besucher in die Ausstellung kamen. Die Leute hatten kein Geld mehr. Der Sommer 1788 war heiß und außergewöhnlich trocken gewesen, und kurz vor der Ernte hatte ein ungeheurer Hagelschlag das wenige, das noch auf den Feldern stand, vernichtet, weshalb im Herbst die Preise für Getreide und Brot in nie gekannte Höhen schossen. Die Menschen gerieten in Not, Hunger machte sich breit, und nur noch wenige konnten es sich leisten, Geld in der Rue Saint-Honoré zu verjubeln. Dann folgte ein bitterkalter Winter. Monatelang lag das Land unter Schnee und Eis, das Brennholz wurde knapp. In Versailles war die Kälte einfach nur lästig, weil der Hammelbraten auf dem Weg aus der Küche zur königlichen Tafel lau wurde. In Paris aber verhungerten und erfroren die Menschen. Getreidetransporte mussten von militärischen Konvois begleitet werden, Bäckereien erhielten Polizeischutz. Um die schlimmste Not zu lindern, wollte Finanzminister Necker die Brotsteuer abschaffen. Aber der König, der alles verfügbare Geld für Versailles brauchte, legte sein Veto ein. Das Volk murrte, Rebellion lag in der Luft.

Am Sonntag, dem 12. Juli 1789, konnte Marie Grosholtz die Revolution hören, wie sie trampelnd, krakeelend und singend die Rue du Temple heraufkam, laut und immer lauter wurde und schließlich vor dem Salon de Cire haltmachte. Drei- oder fünftausend Menschen standen vor der Tür, und sie verlangten die Wachsbüste von Finanzminister Jacques Necker. Curtius öffnete die Tür und war schlau genug, ihnen die Büste ihres Helden auszuliefern, und obendrein gab er ihnen das Abbild des Duc d'Orléans mit, der im Volk ebenfalls beliebt war. Die Demonstranten schmückten die Wachsköpfe mit schwarzem Krepp und zogen weiter, den Tuilerien entgegen, wo es zu einer Straßenschlacht mit königlichen Soldaten kam. Zwei Tage später stürmten die Aufständischen die Bastille und eroberten die Schwarzpulvervorräte der Schweizer Garde – und damit hatten sie Paris erobert. Curtius notierte stolz: «Ich kann also sagen, dass sich der erste Akt der Revolution *chez moi* ereignet hat.»

Da der Wind nun gedreht hatte, musste auch der Salon de Cire sich neu orientieren. Marie ging jetzt wohl nicht mehr so oft hinaus nach Versailles, sondern suchte ihre Modelle

unter den prominenten Republikanern der Hauptstadt. Und in der Ausstellung wurden sämtliche Exponate, die an das Königshaus erinnerten, eilig durch revolutionäre Souvenirs ersetzt. Mirabeau nahm den Platz von Louis XVI. ein, ein Modell der Bastille ersetzte jenes von Schloss Versailles, und hinzu kam das blutverschmierte Hemd eines getöteten Schweizer Gardisten.

Curtius seinerseits schloss sich sofort der Nationalgarde an und war schon beim Sturm auf die Bastille dabei, wenn auch nicht ganz an vorderster Front. Da er als «Vainqueur de la Bastille», wie er seine Briefe nun stolz unterzeichnete, vertrauten Umgang mit den Republikanern pflegte, kam das komplette Triumvirat der Revolution – Robespierre, Marat,

Danton – regelmäßig in die Rue du Temple zu Besuch, und zwar nicht nur tagsüber als Ausstellungsbesucher, sondern auch abends zum Essen im privaten Kreis. Will man Maries Memoiren Glauben schenken, so hat sie mit Robespierre geflirtet und mit Danton gestritten. Und was Jean-Paul Marat betraf, der sozusagen ein Landsmann von ihr und unweit von Bern, in Boudry am Neuenburger See, geboren und aufgewachsen war, so hat sie ihm mehrmals Unterschlupf gewährt, als er wegen seiner frechen Zeitungsartikel polizeilich gesucht wurde.

2 Jean-Paul Marat

Ein paar Monate nach dem Sturm auf die Bastille tauchte also ein Landsmann bei Marie Grosholtz auf, mit dem sie sich anfangs gut verstand. Mit Jean-Paul Marat konnte sie Deutsch reden, und er war am Neuenburger See unweit von Bern zur Welt gekommen. Erst bewirtete sie ihn bei ihren abendlichen Gesellschaften, dann versteckte sie ihn im Keller vor der Polizei. Und als er tot war, modellierte sie ihn in Wachs für den Salon de Cire.

Ihn nicht entsetzlich zu finden fällt schwer. Um den krumm gewachsenen Leib trug er Pistolen und ein Schwert, um den Schädel einen in Essig getränkten Turban. Seine Haut war gelb überkrustet von juckenden Ausschlägen, von denen er nur Linderung fand, wenn er seine Tage und Nächte im Bad verbrachte. Er war ein brillanter Redner und Zeitungsschreiber im Dienst der Revolution, und seine Liebe zu Freiheit, Gleichheit und Brüderlichkeit war so groß, dass er das Volk in deren Namen zu Massakern aufrief.

Jean-Paul Marat litt an einer schlimmen Hautkrankheit. Seine Ärzte sagten, er habe die Krätze oder Skrofeln, möglicherweise beides; die heutige Medizin würde wohl eine allergische Überreaktion des Immunsystems diagnostizieren, vielleicht Neurodermitis in Kombination mit Schuppenflechte, und zusätzlich eine Wachstumsstörung. Er wurde nie größer als fünf Fuß, und sein Hals war derart schief, dass man meinen konnte, der Kopf sei auf der rechten Schulter festgewachsen. Von frühester Kindheit an muss es ihn derart entsetzlich gejuckt haben, dass er sich nächtelang im Bett wälzte und die Haut aufkratzte, bis er blutete. Wenn dann endlich der Morgen graute, war er müde und gereizt, angriffslustig und hochfahrend.

Zur Welt gekommen ist er am 24. Mai 1743 im Winzerstädtchen Boudry am Neuenburger See zwischen weißen Kalkfelsen und schwarzen Tannenwäldern. Sein Vater Juan Salvador Mara war ein ehemaliger Mercedariermönch aus Sardinien, der sich wegen Steuerzahlungen mit der Obrigkeit zerstritten hatte und vor dem langen Arm des Papstes ins calvinistische Genf geflohen war. Dort hatte er den reformierten Glauben angenommen und eine Bürgerstochter namens Louise Cabrol geheiratet. Mit ihr war Mara senior dann – erst der Sohn sollte dem Familiennamen ein gut französisches T hinzufügen – nach Boudry am Neuenburger See gezogen, wo er Arbeit als Zeichner von Blumenmustern in der Indienne-Baumwolldruckerei Clerc & Cie fand. Ein paar Wochen später kam Jean-Paul, der erstgeborene Sohn, zur Welt.

Da die Dorfkinder mit dem krummen und gelb überkrusteten Buben nicht spielen wollten, blieb er allein in der Obhut der Mutter, oder er verbrachte seine Tage in der Areuseschlucht, wo er im kühlen Bach Linderung von seinem Juckreiz fand. Mag sein, dass sich dort sein eigenbrötlerischer und rechthaberischer Charakter entwickelte und dass der schiefe Zwerg, gekränkt und gedemütigt, sich im Schatten der Tannen ausmalte, wie er es allen zeigen, unsterbliche Taten vollbringen und zu Ruhm und Ehre gelangen würde. Vier Jahrzehnte später schrieb er, dass er von klein auf getrieben gewesen sei von «amour-propre» und «faim de la gloire». Dieses blumige Französisch aus dem 18. Jahrhundert wörtlich zu übersetzen wäre unfair; in heutigem Deutsch hieße das wohl, dass Marat ein ernsthaftes Kind war, das im Leben etwas Gutes, Wahres und Schönes leisten wollte.

Am Collège in Neuenburg war er ein unauffälliger Schüler, der den Pflichtstoff ohne Begeisterung erledigte, für sich allein aber Rousseau und Montesquieu las. Als er elf Jahre alt war, gab ihm ein Lehrer eine Strafe, die er ungerecht fand. Diese Demütigung kränkte ihn so sehr, dass er zwei Tage nichts aß und nicht mehr zur Schule ging; dem vom Vater verhängten Hausarrest entzog er sich durch einen Sprung aus dem Fenster, bei dem er sich eine Platzwunde an der Stirn zuzog.

Niemand weiß, welchen Verlauf sein Leben genommen hätte, wenn er weniger einsam und weniger hässlich gewesen wäre und nicht so an Juckreiz gelitten hätte. Vielleicht wäre er am Neuenburger See geblieben und hätte ein geruhsames Leben als Winzer, Weinhändler oder Arbeiter in der Baumwollmanufaktur geführt. Gewiss hätte die Französische Revolution auch ohne ihn stattgefunden und König Ludwig XVI. auf der Guillotine geendet, und Napoleon wäre in jedem Fall nach Russland aufgebrochen. Aber möglicherweise wäre die Republik etwas später ausgerufen worden, und vielleicht hätte es auf dem Weg dorthin ein paar Massaker weniger gegeben.

Getrieben von seiner «faim de la gloire», verließ Jean-Paul kurz nach dem sechzehnten Geburtstag das Elternhaus und zog in die Welt hinaus, um nie mehr an den Neuenburger See zurückzukehren. Später behauptete er, dass er allein aufs Geratewohl zu Fuß tausend Kilometer durch Frankreich gewandert sei und in Bordeaux, als ihm das Reisegeld ausging, eine Stelle als Hauslehrer beim vornehmen Reeder Pierre-Paul Nairac angenommen habe.

Das wird nicht ganz so gewesen sein.

Erstens hatte Nairac damals noch gar keine Kinder, die Marat hätte unterrichten können, und zweitens war er nicht nur Reeder, sondern auch einer der größten Sklavenhändler Frankreichs; seine Schiffe tauschten in Afrika bunt bedruckte Baumwollstoffe gegen Sklaven, brachten diese in die karibischen Plantagen und kehrten schwer beladen mit Kaffee und Zucker heim nach Bordeaux. Drittens heiratete Nairac am 5. Mai 1760, also genau zu der Zeit, als Marat von zu Hause aufbrach, und zwar ganz in Marats Nähe, in Nyon am Genfer See, die Tochter eines Appenzeller Baumwollhändlers, eine gewisse Jeanne Barbe Wetter. Nairac unterhielt wie viele französische Sklavenhändler rege Geschäftsbeziehungen mit der Schweiz, weil er die bunten Baumwollstoffe, die er als Zahlungsmittel in Afrika dringend brauchte, in Frankreich nicht bekam; Ludwig XIV. hatte 1686 das Bedrucken von Baumwolle verboten, um die traditionelle Textilbranche vor der neuen Konkurrenz zu schützen. Kurz darauf waren Schweizer Hugenotten in die Bresche gesprungen und hatten entlang der französischen Grenze zahlreiche Indienne-Druckereien gegründet.

Es scheint also wahrscheinlich oder zumindest denkbar,

dass Marat – dessen Vater ja ebenfalls in der Baumwoll-
branche tätig war – seinen Arbeitgeber Nairac in der Schweiz
kennengelernt hat. Weshalb die Frischvermählten den kau-
zigen, koboldhaften Jüngling nach Bordeaux mitgenommen
haben mögen, lässt sich nur erahnen. Vielleicht wünschte
Nairac sich aus Sicherheitsgründen einen besonders häss-
lichen Laufburschen für seine junge Gattin, oder Jean-Paul
erhielt wegen seiner Kenntnisse in Französisch, Deutsch,
Italienisch, Spanisch und Englisch eine Lehrlingsstelle im
Kontor des Sklavenhändlers. Falls dem so war, könnte man
verstehen, dass der große Kämpfer für Freiheit, Gleichheit
und Brüderlichkeit in späteren Jahren diese Episode seiner
Jugend schamhaft verschwieg.

Immerhin blieb Marat in Bordeaux viel Zeit für eigene
Studien. Er besuchte medizinische Vorlesungen an der Universität, und nebenher schrieb er einen Briefroman, dessen
Held, der junge polnische Graf Patowski, durch Bürgerkrieg
von seiner Verlobten getrennt wird und allerhand melodra-
matische Abenteuer zu bestehen hat, bevor er die Schöne zu
guter Letzt vor den Traualtar führen darf. Das Werk hatte
viel Ähnlichkeit mit Rousseaus *Nouvelle Héloïse*, die gerade
in diesen Tagen erschienen war, und handelte hauptsächlich
von Liebe und Leidenschaft; manche Passage aber ließ schon
den späteren Revolutionär ahnen. «Wie grausam ist es», ruft
beispielsweise Graf Patowski, «dass Mühsal, Elend und Hunger immer nur der großen Mehrheit zuteil werden, während
Wohlstand und Genuss das Privileg einer kleinen Minder-
heit sind (...) Man muss dem Volk seine Rechte klarmachen
und ihm Waffen geben, damit es die Tyrannen stürzt, die es
in Knechtschaft halten.»

Leider brachte der Roman, da niemand ihn drucken wollte, Marat nicht den angestrebten Ruhm. Also nahm er Abschied von den Nairacs und zog nach Paris.

Als er 1762 in der Lichterstadt eintraf, war er neunzehn Jahre alt und mittellos, hatte keinerlei besondere Fähigkeiten und kannte keine Menschenseele. Sein Körper war entstellt von krummem Wuchs und Skrofulose, und die seelischen Folgen des Juckreizes hatten sich tief in sein Gesicht eingegraben. Trotzdem war er entschlossener denn je, in seinem Leben etwas wahrhaft Schönes zu leisten und seinen Namen für alle Zeit im Großen Buch der Menschheitsgeschichte festzuschreiben. Das Größte und Schönste aber, was in jenen Jahren auf der Welt Gestalt annahm, war Denis Diderots *Encyclopédie* – der Versuch, erstmals in der Geschichte der Menschheit die Summe allen Wissens in einem großen Werk festzuhalten. Beteiligt waren hundertvierzig der berühmtesten Gelehrten, unter ihnen d'Alembert, Voltaire, Montesquieu und Rousseau. Das war die Gesellschaft, die der junge Jean-Paul sich wünschte, da wollte er dazugehören. Er schrieb Diderot einen enthusiastischen Brief und bot ihm seine Mitarbeit an; dieser aber hatte den Namen des vorlauten Provinzknaben noch nie gehört und sah keinen Anlass, ihm zu antworten. Diese Kränkung sollte Jean-Paul zeitlebens nicht verwinden.

Drei Jahre blieb er in Paris und studierte Medizin, Physik und Philosophie. Seinen ersten Heilungserfolg hatte er 1765, als er einen Studenten vom Tripper befreite, damit dieser heiraten konnte. Dabei verfeinerte er die damals übliche Methode derart, dass der Patient erstens überlebte und zweitens seine Manneskraft behielt – ein erfreulicher Fortschritt, der dem jungen Arzt viel Kundschaft einbrachte. Kurz darauf zog er nach London und nahm Wohnsitz in Soho, dem schicksten Viertel Londons, wo sich seine Heilkunst ebenfalls rasch herumsprach. Zehn Jahre lang praktizierte Marat in London, Newcastle und Dublin, wobei sein Spezialgebiet die Geschlechtskrankheiten blieben. Als ihm die Universität Edinburgh 1775 den Doktortitel zusprach, tat sie dies in Würdigung seiner sanften Trippertherapie.

So aber hatte Marat sich das nicht vorgestellt, dass er lediglich als Tripperdoktor in die Geschichte eingehen würde. Also wandte er sich der wissenschaftlichen Lehre und Forschung zu. Er schrieb einen Essay *Über den Menschen*, in dem er den menschlichen Körper «als hydraulische Maschine aus Schläuchen und Säften» darstellte und den Sitz der Seele in der Hirnhaut lokalisierte. Dann folgte eine Abhandlung über *Die Ketten der Sklaverei*, die viel Ähnlichkeit mit Rousseaus *Contrat Social* hatte, und dann ein Aufsatz über Augenkrankheiten. Die Schriften wurden gedruckt, fanden auch einige Beachtung und wurden sogar ins Deutsche und Französische übersetzt. Marats größter Wunsch jedoch, dass die «Philosophes» in Paris ihn als einen der Ihren anerkannten, blieb unerfüllt. Diderot nahm ihn nun immerhin zur Kenntnis, aber nur um zu sagen, dass er keine Ahnung habe, worüber Marat schreibe; und der böse alte Voltaire sagte, hier mache ein Harlekin Kapriolen, um die Leute auf den billigen Plätzen zum Lachen zu bringen.

Marat war tödlich beleidigt. Für ihn lag es auf der Hand, dass die Philosophen ein Komplott gegen ihn geschmiedet hatten. Überhaupt sah er sich ständig von Feinden umringt. Sämtliche Verleger Großbritanniens steckten unter einer

Decke, um ihn zu boykottieren. Die Geheimpolizei war wegen seiner politischen Ideen hinter ihm her. Der Zoll hielt seine Schriften zurück, um ihn mundtot zu machen.

Im Sommer 1776 kehrte er zurück nach Paris, diesmal aber nicht als namenloser Student, sondern als erfahrener Arzt, dem ein guter Ruf vorauseilte. Sehr zupass kam ihm, dass er eine seiner ersten Pariser Patientinnen, die einflussreiche Marquise de l'Aubespine, von einer hartnäckigen Bronchitis befreien konnte. Sofort hatte Marat mehr adligen Zustrom, als er bewältigen konnte. Und als ihn der Graf d'Artois, ein Enkel Ludwigs XV. und künftiger König Karl X., gar zum Arzt seiner Leibgarde machte und ihm eine Pension von jährlich zweitausend Livres ausrichtete, hatte er keine Geldsorgen mehr.

So kam es, dass der schief gewachsene Sohn eines sardischen Mönchs aus Neuenburg im vornehmen Viertel Saint-Germain an der Rive Gauche Wohnsitz nahm, in unmittelbarer Nachbarschaft zum Grafen d'Artois und der Marquise de l'Aubespine. Er kurierte Prinzen und Grafen und bezog fürstliche Honorare. Seine übrige Zeit verbrachte er mit wissenschaftlichen Experimenten, wie sie damals Mode waren, in seinem Labor, das er im Haus der Marquise hatte einrichten dürfen. Mit einem selbst entworfenen Mikroskop bündelte er das Sonnenlicht und verfertigte Schattenbilder von Feuer, Rauch und warmer Luft. Jahrelang beschäftigten ihn Experimente mit Elektrizität, die zur Hauptsache darin bestanden, dass er Rinderviertel und halbe Schweine, die er vom Schlachthof nebenan auslieh, unter Strom setzte, um das tote Fleisch in spastische Zuckungen zu versetzen.

Nach sechs Jahren als Arzt in Paris hatte er genug Geld

verdient, um sich ganz der Forschung widmen zu können. Benjamin Franklin besuchte ihn im Labor, ebenso Alessandro Volta, der Erfinder der elektrischen Batterie, und seine Aufsätze zur Farbenlehre wurden von Johann Wolfgang von Goethe gelesen.

Aber Diderot und die Akademie verweigerten ihm weiter jede Aussicht auf Ruhm und Ehre im Wissenschaftsbetrieb. Marat war fünfundvierzig Jahre alt und hatte nichts erreicht. Seine Hautkrankheit quälte ihn mehr denn je. Er hatte nie geheiratet und keine Kinder gezeugt, und nach einigen Jahren Forschungsarbeit ging ihm das Geld aus. Seine Kräfte ließen nach, er wurde schwermütig. Im Juli 1788 war er so krank, dass er sein Testament machte. Falls er in jenen Tagen gestorben wäre, hätte ihn die Menschheit zu Recht als guten Tripperdoktor und mittelmäßigen Wissenschaftler vergessen.

Aber während er sich zum Sterben hinlegte, geschah es, dass der König die Generalstände einberief – zum ersten Mal seit hundertfünfundsiebzig Jahren. «Diese Nachricht hatte auf mich die belebendste Wirkung», schrieb Marat kurz darauf. «Eben noch auf dem Sterbebett, fasste ich wieder Kraft und Lebensmut.»

Die Revolution – das war nun endlich Marats wahre Aufgabe, für die er den Rest seines Lebens hingeben wollte. Tag und Nacht schrieb er Pamphlete und füllte damit ganze Zeitungen, prangerte die Machenschaften des Königs an und forderte den Rücktritt des Finanzministers, warnte vor dem Gegenschlag des Adels und rief das Volk in immer schrillerem Ton zu revolutionärer Wachsamkeit auf. Zwei Monate nach dem Sturm auf die Bastille gründete er seine eigene Zeitung, den *Ami du Peuple*, deren einziger Reporter,

Redakteur und Drucker er meist war. Nach nur wenigen Ausgaben kannte den *Ami du Peuple* ganz Paris, und auch Marat selbst wurde nun «Der Freund des Volkes» genannt. Das einfache Volk liebte ihn für seine Aufrichtigkeit und Unbestechlichkeit, und weil er immer lauter, schriller und radikaler zum Volksaufstand rief, fürchtete der Adel den «hergelaufenen Schweizer» als den gefährlichsten von allen Revolutionären. Marat war die Stimme des Volkes. Er nannte den König einen Parasiten und den Finanzminister einen Halunken. Besonders scharf ging er mit den adligen Salonrevolutionären, denen nur das eigene Wohl am Herzen lag, ins Gericht. Und das Volk hörte auf ihn: Als der *Ami du Peuple* schrieb, der König wolle aus Versailles ins Ausland fliehen, um mit dem Preußenkönig und dem Kaiser von Österreich gemeinsame Sache gegen die Revolution zu machen, zogen Hunderte empörter Marktfrauen mit aufständischen Nationalgardisten hinaus zum Schloss und zwangen die königliche Familie zum Umzug nach Paris in die Tuilerien, wo man sie unter Kontrolle hatte.

So machte Marat sich in kürzester Zeit alle Mächtigen zu Feinden. Nach zwei Monaten wurde seine Zeitung ein erstes Mal verboten, die Druckerei polizeilich durchsucht und er selbst zur Verhaftung ausgeschrieben. Rechtzeitig gewarnt, tauchte er unter und versteckte sich bei einem Freund. Die Zeitung erschien weiter. Einen Skandal entfachte er im Juli 1790, als der «Volksfreund» schrieb, dass man, um schlimmeres Blutvergießen zu vermeiden, baldmöglichst fünfhundert oder sechshundert Reaktionären den Kopf abhacken müsse. Später korrigierte Marat die Zahl der abzuschlagenden Köpfe auf zwanzig- bis fünfundzwanzigtausend.

In den folgenden vier Jahren, von 1789 bis 1793, veröffentlichte er neunhundertvierzehn Ausgaben des *Ami du Peuple* und schrieb über zehntausend Seiten. Seine Tage verbrachte er auf der Straße oder in stets wechselnden Druckereien, und nachts versteckte er sich vor der Polizei in den feuchten Kellern von Freunden, mal beim Schweizer Uhrmacher Abraham Bréguet, seinem Schulfreund aus Neuenburger Tagen, mal bei seiner Gönnerin, der Marquise de l'Aubespine, dann bei Mademoiselle Fleury, einer Schauspielerin an der Comédie-Française – und im Wachsfigurenkabinett der Marie Grosholtz in der Rue du Temple.

Es war an einem Samstagabend, erzählt Marie in ihren Memoiren, dass Marat vor ihrer Tür stand und um Asyl bat. Ein sehr kleiner Mann sei er gewesen, mit rabenschwarzem, ungekämmtem Haar, dunklen Augen und stechendem Blick, grünlicher Hautfarbe und sehr kurzen Armen, von denen der eine zudem lahm zu sein schien. Er habe eine kleine Reisetasche bei sich gehabt, die all seine Kleider enthielt und sich zudem zu einer Schlafmatte ausrollen ließ, und er sei eine Woche lang geblieben, habe die meiste Zeit in einer Ecke gesessen und im Licht einer kleinen Lampe geschrieben. Beim kleinsten ungewohnten Geräusch sei er in Angst und Schrecken geraten und habe sich in einem abgelegenen Winkel des Hauses versteckt; wenn er aber, was mehrmals geschah, vom Abendessen fliehen musste, vergaß er nie, seinen Teller mit ins Versteck zu nehmen. Überhaupt scheint ihm, wenn man Marie Grosholtz glauben will, die Ernährung sehr wichtig gewesen zu sein. «Na, du liebes junges Ding», soll er ihr einmal auf Deutsch gesagt haben, «lass uns mal Knödel und Fisch zusammen essen.» Hingegen habe er sehr wenig auf seine äußere Erscheinung und weltlichen Reichtum gegeben und nur mit großer Zurückhaltung getrunken. Nach genau einer Woche, wiederum am Samstagabend, habe Marat Abschied genommen und Curtius für die Gastfreundschaft gedankt. Zu Marie habe er als Letztes gesagt, sie sei ein gutes Kind. Sie sollte ihn erst wieder sehen, als sie seine Totenmaske anfertigte.

Endgültig zum Propheten des Volkes wurde Marat, als Ludwig XVI. am 21. Juni 1791 tatsächlich – wie vom *Ami du Peuple* seit zwei Jahren vorausgesagt – ins Ausland zu fliehen versuchte. Der König wurde gefangen und in den Tuilerien unter Hausarrest gestellt, und für Marat war klar: Louis Capet war ein Verräter und musste geköpft werden. Das laut auszusprechen, hatte vor ihm niemand gewagt. Marat aber schrieb es in der Zeitung, schwarz auf weiß. Anderthalb Jahre später, am Morgen des 21. Januar 1793, wurde seiner Forderung nachgekommen. Bei bissiger Kälte trennte die Guillotine dem König im Beisein tausender Schaulustiger um 10.20 Uhr den Kopf vom Leib.

Es war der Beginn des Terrors, der großen Zeit des Tötens. Nach dem König tat dessen Gattin Marie Antoinette den Gang aufs Schafott, dann deren Schwägerin, die schwermütige und gottesfürchtige Prinzessin Elisabeth, die bei Marie Grosholtz Unterricht in der Kunst des Wachsfigurenformens genommen hatte – und jedes Mal war Marie zur Stelle, um von den geköpften Häuptern ein schaurig realistisches Abbild in Wachs zu formen. In späteren Jahren schwor sie, die Jakobiner hätten sie gezwungen, die Köpfe der Hingerichteten eigenhändig aus dem Weidenkorb am Schafott zu holen.

Manchmal habe der Scharfrichter ihr die Häupter auch nach Hause in die Rue du Temple gebracht. Um diese Zeit war es auch, dass ein Jüngling namens François Tussaud an ihrer Seite auftauchte, der ihr als Mädchen für alles im Wachsfigurenkabinett zur Hand ging und den sie einige Jahre später heiraten sollte.

Marat wurde im September 1792 ins Parlament gewählt, hatte nun wieder eine eigene Wohnung und heiratete sogar eine Zimmermannstochter namens Simone, aber er lebte weiter im Untergrund, trug ständig dieselbe Kleidung und den essiggetränkten Turban auf dem Kopf und war immer auf der Flucht vor den Mächtigen – vor den Königstreuen sowieso, aber auch vor den Revolutionären, den radikalen wie den gemäßigten. Gleich in der ersten Parlamentssitzung beschuldigten ihn die Girondisten, er plane mit Robespierre und Danton die Errichtung einer Diktatur. Der Vorwurf wog schwer und war nicht unberechtigt, das Plenum konnte die Todesstrafe beschließen. Marat hielt eine leidenschaftliche Verteidigungsrede, und als er außer Gefahr war, hielt er sich eine Pistole an den Kopf und schwor, dass er sich, falls er schuldig gesprochen worden wäre, auf der Stelle erschossen hätte.

Von da an benahm er sich zum Fürchten. Er, der sich als kleiner Junge vorgenommen hatte, im Leben etwas Gutes und Schönes zu vollbringen, forderte nun, dass die Republik ein Kopfgeld für alle ins Ausland geflohenen Bourbonen aussetzte. Er verlangte, dass aller Besitz der katholischen Kirche an die Armen verteilt werde. Er beschimpfte die Girondisten als Intriganten und den Parlamentspräsidenten als Konterrevolutionär. Er rief zum Volksaufstand auf und warnte vor allen möglichen Verrätern, und mehrmals bezeichnete er sich selbst als den einzig echten Märtyrer der Freiheit.

Aber Mitte Juni 1793, ein paar Wochen nach seinem fünfzigsten Geburtstag, war er mit seinen Kräften am Ende. Die Kopfschmerzen hatten sich zu rasender Migräne gesteigert, und auf seiner entzündeten Haut waren Geschwüre aufgebrochen, die ihm entsetzliche Schmerzen bereiteten. Er legte sein Amt als Parlamentarier nieder und blieb zu Hause in der Badewanne.

Einen Monat lang verließ er kaum das Haus. Er schrieb Briefe oder Ansprachen, von denen er hoffte, dass Danton oder Robespierre sie an seiner Stelle im Parlament halten würden. Am Morgen des 13. Juli aber, als er im Bad seine alten Zeitungsartikel für einen Sammelband überarbeitete, sprach eine hübsche junge Aristokratin bei ihm vor. Charlotte de Corday war in der Klosterschule von Caen erzogen worden und schwärmte für Rousseaus *Nouvelle Héloïse*. Sie war eine begeisterte Revolutionärin gewesen, bis das große Töten begonnen hatte. Und da sie Jean-Paul Marat für den Hauptschuldigen hielt und beschlossen hatte, dem Blutvergießen ein Ende zu machen, stieß sie ihm nach kurzer Begrüßung mit aller Kraft einen Dolch unterhalb des rechten Schlüsselbeins in die Brust. Kaum war die Attentäterin verhaftet und Marat verblutet und tot, wurde Marie Grosholtz herbeigeführt, damit sie vom Volkshelden eine Totenmaske anfertigte; so erzählt sie es in ihren Memoiren. Sein Körper sei noch warm gewesen, und seine im Tod beinahe teuflischen Gesichtszüge hätten ihr den größten Schrecken eingejagt, weshalb sie die ihr aufgetragene Arbeit nur unter schmerzhaftesten Empfindungen habe verrichten können.

Jean-Paul Marat wurde zwei Tage später in einer feierlichen Prozession im Pantheon beigesetzt, Charlotte de Corday tags darauf guillotiniert und in einem Massengrab verscharrt. Auch von ihr fertigte Marie Grosholtz eine Wachsfigur an, die zusammen mit jener Marats über Jahrzehnte zu den Prunkstücken ihrer Ausstellung zählte.

3 Regula Engel

Im Frühjahr 1794, so erzählt Marie Grosholtz in ihren Memoiren, wäre auch sie um ein Haar geköpft worden. Ein Nachbar hatte sie beim Revolutionstribunal als Königstreue denunziert, worauf die Häscher sie nachts aus dem Bett holten und ins berüchtigte Gefängnis La Force in der Rue Saint-Antoine steckten. Das Gemäuer war feucht und rattenverseucht, zu essen gab es schimmliges Brot und dünne Suppe, von der man Bauchschmerzen bekam. Die Häftlinge schliefen auf nacktem Boden im Stroh. Einmal pro Woche erschienen die Wärter mit groben Scheren, um ihnen zur Vorbereitung auf die Guillotine das Nackenhaar zu schneiden.

Unter den zwanzig Gefangenen befand sich eine schöne Frau, die auf Marie einen wahrhaft königlichen Eindruck machte. Sie war stets gut gelaunt und sprach den Ängstlichen Mut zu, tröstete die Verzweifelten und pflegte die Kranken: Sie hieß Joséphine de Beauharnais, war anderthalb Jahre jünger als Marie und die künftige Kaiserin der Franzosen. Glaubt man Madame Tussauds Erinnerungen, so schloss das Berner Dienstmädchen mit der schönen Aristokratin im Gefängnis Freundschaft fürs Leben.

Aber der Glaube fällt schwer. Zwar stimmt es tatsächlich, dass Joséphine am 16. März 1794 inhaftiert wurde – aber nicht im La Force, sondern im Les Carmes, einem ehemaligen Karmeliterkloster in der Rue de Vaugirard. Zweitens berichteten ihre Mitgefangenen, dass Joséphine sich keineswegs durch königliche Gelassenheit auszeichnete, sondern vielmehr durch enervierende Weinerlichkeit und ständiges Liebesgetändel mit Wärtern und Gefangenen. Drittens erinnert sich niemand, dass auch Marie Grosholtz anwesend gewesen wäre, und viertens taucht ihr Name auf keiner Gefangenenliste auf.

Das will nun nicht heißen, dass sie gelogen hat. Vielleicht befand sich Marie wirklich in Haft und hat nur die Gefängnisse verwechselt, und vielleicht steht sie nur deswegen nicht auf der Liste, weil sie ihren Namen – wie damals üblich – im Nachhinein mittels Bestechung entfernen ließ. Und möglich ist schließlich auch, dass Joséphine tatsächlich hin und wieder königlichen Mut bewies und nicht immer nur die weinerliche Kokotte war, als die sie beschrieben wird. Wer weiß.

Sicher ist, dass Joséphine und Marie ein paar Wochen später wieder auf freiem Fuß waren. Und auffällig ist, dass von da an ihre Lebensläufe eine Weile in eigentümlichem Gleichschritt verliefen. Am 23. Juli wurde Joséphines Ehemann auf der Guillotine hingerichtet, am 26. September starb Maries väterlicher Beschützer Curtius zu Hause im Bett. Ohne männlichen Schutz auf sich allein gestellt, verbrachten die zwei Frauen ein Jahr in Trauer, wie es sich gehört. Danach heiratete Marie ihren Gehilfen im Wachsfigurenkabinett, den acht Jahre jüngeren François Tussaud, der wohl schon lange ihr heimlicher Geliebter gewesen war. Und Joséphine gab ihr Jawort einem sechs Jahre jüngeren Mann, der erst seit Kurzem in Paris weilte und in den besten

Kreisen Furore machte – dem korsischen General Napoleon Bonaparte.

Die Ehe mit den zwei sechsundzwanzigjährigen Männern ließ sich für die beiden Frauen nicht sehr glücklich an. Nur zwei Tage nach der Hochzeit brach Napoleon zu seinem Italienfeldzug auf, und zur gleichen Zeit musste Marie ihren Gatten mit ein paar Wachsportraits nach England schicken, damit er diese in dunklen Hinterzimmern verrauchter Pubs für wenig Geld herzeigte. Während der Abwesenheit des Gatten pflegte Joséphine Umgang mit ihren Liebhabern, und Marie Tussaud hatte Sehnsucht nach ihrem François, kümmerte sich ums Wachsfigurenkabinett und stellte nach ein paar Wochen fest, dass sie schwanger war. Dann kehrte François Tussaud aus England zurück, und Napoleon zog als Eroberer Italiens triumphal in Paris ein.

Einmal soll es geschehen sein, dass die zwei Freundinnen aus der Gefängniszeit erneut zueinanderfanden. Da Joséphine immer wieder aufs Neue befürchten musste, dass Napoleon sie für einen Feldzug verlassen würde, rief sie Marie Tussaud herbei, damit sie vom Ehemann eine Wachsbüste anfertigte.

Morgens um sechs Uhr habe sie sich in Bonapartes Residenz in den Tuilerien einfinden müssen, schreibt Marie in ihren Memoiren. Der General sei mürrisch und wortkarg gewesen, während sie ihm das Gesicht mit Gips zukleisterte und zur Sicherstellung der Luftzufuhr zwei Strohhalme in die Nase steckte. Als sie ihm sagte, er brauche sich keine Sorgen zu machen, habe er geantwortet: «Sorgen, Madame? Ich würde mir auch dann keine Sorgen machen, wenn Sie meinen Schädel mit geladenen Pistolen umzingelten.»

Marie Tussaud stellte die Büste ohne weitere Zwischenfälle fertig und überbrachte sie Joséphine. Wenig später war Napoleon wieder verschwunden.

Am 19. Mai 1798 stand er auf der Kommandobrücke des Flaggschiffs L'Orient, das mit einer gewaltigen Flotte von zweihundert Segeln und fünfunddreißigtausend Mann den Hafen von Toulon in Richtung Ägypten verließ. Mit ihm an Bord befanden sich dreizehn Offiziersgattinnen, die ihre Männer auf dem Feldzug begleiteten. Eine von ihnen war Schweizerin, ein großes und starkes Weib von siebenunddreißig Jahren, anderthalb Jahre älter als Joséphine und auch einige Monate älter als Marie Tussaud. Ihr Mann war zwanzig Jahre im Dienste Frankreichs über die Schlachtfelder Europas gezogen – erst für Ludwig XVI., dann für die junge Republik und jetzt für Bonaparte. Die Frau war ihm überall hin treu gefolgt und hatte ihm fast jedes Jahr ein Kind geschenkt, manchmal auch Zwillinge. Napoleon musterte das Weib, wandte sich ihrem Mann zu und fragte: «Ist sie nicht schwanger?»

«Ich weiß es nicht», antwortete Oberst Florian Engel wahrheitsgemäß.

«Fragt sie», sagte Napoleon.

«Bist du schwanger?», fragte der Oberst.

«Qu'est-ce que cela le regarde?», antwortete Regula Engel laut und deutlich; so steht es in ihren Lebenserinnerungen, die sie ein halbes Leben später in Zürich veröffentlichen sollte. General Bonaparte warf ihr einen scharfen Blick zu und schwieg. Wenige Wochen später wurde augenscheinlich, dass des Generals Verdacht berechtigt gewesen und sie tatsächlich guter Hoffnung war – mit Zwillingen.

Regula Egli erblickte am 5. März 1761 im Bauerndorf
Fluntern ob Zürich, wo heute die Universität, die Technische Hochschule und das Universitätsspital stehen, das
Licht der Welt und wuchs in elenden Verhältnissen heran.
Ihr Vater war ein ausgemusterter Söldner und Säufer gewesen, die Mutter davongelaufen und der ältere Bruder wegen einer rätselhaften Krankheit erblindet. Die glücklichsten
Jahre ihrer Kindheit hatte sie im städtischen Waisenhaus
erlebt, wo ihr Vater sie unterbrachte, nachdem seine Frau
verschwunden war. Kaum siebzehn Jahre alt, hatte Regula auf der Straße einen Soldaten gesehen, der eine bunte
Uniform mit glänzenden Knöpfen trug. Ein «schöner und
großer Mann» sei Florian Engel gewesen, erinnerte sie sich
später – da habe ihr «nach Luft und Weltfreude pochendes
Herz sich in die blinkende Uniform vergafft».

Im September 1778 heiratete sie ihn und zog mit ihm nach
Straßburg, wo sein Regiment in Garnison lag. In den folgenden vierzehn Jahren begleitete sie ihn quer durch Frankreich
von einer Kaserne zur nächsten und schenkte ihm jedes Jahr
ein Kind. Manche starben früh, andere überlebten, und die
Knaben wurden allesamt Soldaten in französischen Diensten.

Aber dann kam die Revolution, und für die Schweizer
Garden, die ihren Treueid auf den König geschworen hat-
ten, brachen schwere Zeiten an. Manche wurden auf offener
Straße vom aufgebrachten Volk gesteinigt, viele zogen ihre
Uniformen aus und flohen heim in die Schweiz. Oberst
Florian Engel aber marschierte mit seinem Regiment nach
Paris – Gattin Regula und die sieben noch lebenden Kinder
im Schlepptau –, um seine Dienste der Republik anzutragen.

Kaum in der Hauptstadt angelangt, wurde er, der in seiner roten Uniform auf der Straße eine auffällige Erscheinung war, als Königstreuer verhaftet und ins Gefängnis gesteckt. «Man denke sich meinen Schrecken!», schrieb Regula Engel. «Ich hatte mit meinen sieben lebenden Knaben ein achtes Kind unter dem Herzen und war groß schwanger. Ich ließ geschwind eine Bittschrift verfertigen und eilte damit, an jeder Hand einen meiner Knaben führend, zu Robespierre. Ich überreichte ihm die Bittschrift und fiel ihm zu Füßen. Als ich so vor ihm niederfiel, fasste ich trostlos meine beyden Knaben wieder an den Händen, und die schreckliche Guillotine im Gedächtnis, konnte ich nichts hervorbringen als: ‹Citoyen! Miséricorde!›»

Worauf Robespierre laut Regula Engel «Lève-toi!» erwiderte und mit Bleistift einen Entlassungsschein schrieb. Sie verbeugte sich so tief wie möglich, sagte «Mille graces, Citoyen!» und eilte mit den Kindern in die Rue Sainte-Madeleine, um ihren Gatten in die Freiheit und ins Leben zurückzuholen.

So steht es in ihren Memoiren, die sie als alte Frau schrieb, um sich ein Zubrot zur kargen Witwenrente zu verdienen. Dabei hat sie wohl – genauso wie Madame Tussaud und viele andere – ihre Geschichte zwecks besserer Verkäuflichkeit koloriert und zweifellos auch manche Episode frei erfunden; da es aber unhöflich und langweilig wäre, ihren Lebensbericht immerfort in Zweifel zu ziehen, soll hier in Umkehrung wissenschaftlicher Gepflogenheit alles als Tatsache gelten, was sich nicht zweifelsfrei widerlegen lässt.

Eben aus dem Gefängnis entlassen, wurde Florian Engel Grenadierhauptmann beim 4. Regiment leichter Infanterie und nahm an der Eroberung Hollands teil – und Regula mit ihrer Kinderschar war dabei. Wie es scheint, war die Ehe glücklich, obgleich Regula «oft ein böser Ribel war und ihm nicht unterthänig seyn wollte, er auch oft nach meiner Pfeife tanzen musste, dazu war aber der brave Mann immer geduldig, und das machte ihn mir dann desto lieber. So sollte es eben in allen Ehen seyn, wenn die Frau etwas begehrt oder thut, so sollte der Mann nie widersprechen, so wär Segen in der Haushaltung und Frieden im Lande».

Über die Erziehung und Aufzucht ihrer zahlreichen Kinder machte sich Regula Engel nicht allzu viele Gedanken. Die zuletzt Geborenen behielt sie gewöhnlich bei sich, die größeren überließ sie Freunden und Bekannten, die sie in jeder Garnison fand, «en dépot».

Im Januar 1794, als das 4. Infanterieregiment mit General Bonaparte zur Eroberung Italiens auszog, blieb Regula in der Kaserne in Straßburg zurück, um sich von den Strapazen der vielen Reisen und Niederkünfte zu erholen. Ein Jahr lang war sie vom Ehemann getrennt, und ein Jahr lang wurde sie nicht schwanger. Als es dann aber von Toulon aus mit zweihundert Segeln nach Ägypten ging, war das «liebe Weyblein» wieder an der Seite ihres Mannes – und sofort wieder guter Hoffnung, wie der General richtig vermutet hatte.

Auf der mehrwöchigen Schiffsfahrt durchs Mittelmeer traf Regula Engel mehrmals auf Deck mit Napoleon zusammen. «Er schnupfte sehr gern und liebte den Caffee besonders. Wenn er mir nun begegnete, bot er mir manchmal seine Tabatière und lud mich spaßhaft ein: ‹Will Sie auch eine Prise, meine kleine Schweizerin?› Oder wenn er, was ihm Freude machte selber zu thun, oben auf der Gallerie seinen Caffee kochte: ‹Will Sie auch ein Tässchen?›, und dann musste ich mit ihm trinken.»

Die französische Streitmacht eroberte erst Malta, dann Alexandria und schließlich Kairo, wo Regula von zwei gesunden Knaben entbunden wurde. Da es im republikanisch-kirchenfeindlichen Tross keinen Pfarrer gab, nahm Napoleon persönlich die Taufe vor und fungierte auch gleich als Pate der zwei Buben; so will es die Erzählung der Engelin. Der eine wurde auf den Namen Napoleon Johann Baptist getauft, der andere auf Napoleon Heinrich.

Kaum vom Kindbett genesen, schloss Regula sich mit ihren «ägyptischen Zwillingen», wie sie sie scherzhaft nannte, Bonapartes Syrienfeldzug an. Sie wanderte durch den Sinai nach Palästina, zu den heiligen Städten Gaza und Jaffa, vorbei am Roten Meer und zur Festung von Akkon, wo die Pest unter Napoleons Soldaten wütete. Da die Männer wie die Fliegen starben, zog Regula Engel selbst eine Uniform an und versah den Dienst eines Leutnants. Als einmal siebzehn Soldaten ihres Zuges betrunken waren, ließ sie sie entwaffnen und zwei Tage unter Arrest stellen. Die anderen Offiziere hätten ihre «militärische Haltung und vollen Schweizerwaden gar sehr gerühmt», schreibt sie, und Napoleon selbst habe es sehr bedauert, «seine kleine Schweizerin» im Orient zurücklassen zu müssen, als er ohne seine geschwächten Truppen heim nach Frankreich eilte, um mittels Staatsstreich die Macht zu übernehmen.

Ein paar Monate später gelang auch Regula und Florian Engel die Reise übers Mittelmeer; und da sie gute Soldaten waren, hielten sie weiter treu zu ihrem General. Während Regula in Nizza zurückblieb, um ihr siebzehntes Kind zur

Welt zu bringen, nahm Ehemann Florian mit den erwachsenen Söhnen am Italienfeldzug teil. In der Schlacht von Marengo starben am 14. Juni 1800 zwei Söhne und ein Schwiegersohn, worauf die älteste Tochter aus Kummer über den Verlust des Ehemanns und zweier Brüder ebenfalls verschied. Regula Engel wallfahrtete zum Schlachtfeld und beweinte ihre Söhne – und folgte Napoleon weiter viele tausend Kilometer über die Schlachtfelder Europas, meist wohl auf Fuhrwerken, manchmal zu Pferd und oft auch zu Fuß. Sie marschierte gegen Ulm und erlebte den Einzug in Wien, kämpfte mit in der Schlacht von Austerlitz und erhielt einen Säbelhieb auf den Kopf, den sie selbst kurierte. Sie wanderte nach Neapel und machte einen Abstecher nach Rom, zog wieder nordwärts gegen Preußen, dann gegen die Russen und 1808 wiederum westwärts über den Rhein bis nach Spanien, wo ihr siebzehnjähriger Sohn Conrad von Aufständischen an einen Baum gefesselt und zu Tode gefoltert wurde. Weiter ging's nach Lissabon und anschließend wieder gen Österreich, dann zurück nach Paris an den Hof Napoleons, der sich in der Zwischenzeit zum Kaiser gekrönt und Joséphine verlassen hatte, da sie ihm keinen Thronfolger hatte schenken können. Im Oktober 1813 war Regula Engel in Leipzig bei der bis dahin größten Schlacht der Weltgeschichte dabei. Nach der Niederlage folgten Oberst Engel und seine Frau Napoleon in die Verbannung nach Elba, und als er zehn Monate später nach Paris und an die Macht zurückkehrte, waren auch die Engels wieder dabei, genauso wie weitere hundert Tage später in Waterloo. In jener letzten Schlacht trug Regula – inzwischen vierundfünfzigjährig und Mutter von einundzwanzig Kindern, von denen die meisten auch schon wieder gestorben waren – erneut Offiziersuniform und focht Seite an Seite mit dem Ehemann und zwei Söhnen. Sie musste mit ansehen, wie erst ihr älterer Sohn und dann ihr Gatte erschlagen wurden, und dann zerschmetterte eine englische Kugel ihrem zehnjährigen Joseph den Kopf. «Ich sah das eine Aug und das Gehirn gerade vor mir verspritzen», ließ Regula die Nachwelt wissen; sie selbst erhielt eine Kugel in den Hals und einen Bajonettstich in die rechte Seite.

Schwer verletzt, verwitwet und fast all ihrer Kinder beraubt, wurde Regula Engel, «in tausendfacher Betäubung über die Verlüste des heutigen Tages», ins Hospital von Brüssel eingeliefert. Nach sechs Wochen war sie wieder transportfähig und wurde nach Paris gebracht, wo sie einen weiteren Monat Zeit hatte, ihre unbequeme finanzielle Lage zu überdenken. Bonaparte hätte «seiner kleinen Schweizerin», da sie nun Witwe war, zweifellos eine Rente ausgesetzt. Leider aber befand er sich nun auf St. Helena in der Verbannung, und die an die Macht zurückgekehrten Bourbonen zeigten keinerlei Neigung, feindliche Soldatenweiber finanziell zu unterstützen.

Völlig auf sich gestellt, ohne Geld und müde von unzähligen Schlachten und Geburten, sah sich Regula nach einem warmen Plätzchen für ihre alten Tage um. Nur fünf ihrer einundzwanzig Kinder waren noch am Leben, aber alle waren weit weg oder verschollen. Die ägyptischen Zwillinge waren angeblich mit Napoleon in die Verbannung gegangen, Tochter Catharina lebte in Italien und war unauffindbar; die in Lyon verheiratete zweite Tochter Nanette gab der Mutter tatsächlich ein Obdach, starb aber wenig später im Kindbett;

also blieb nur Caspar, Regulas drittgeborener Sohn, der mit Napoleons Bruder Joseph, dem Exkönig von Spanien und Neapel, nach Amerika gegangen war.

Regula Engel beschloss mit fünfundfünzig Jahren, nach Amerika auszuwandern. Sie ging nach Le Havre und bettelte bei Schweizer Kaufleuten das Reisegeld zusammen, stach am 13. September 1816 mit der Favori in See und langte nach achtundsiebzig Tagen Fahrt, während derer sie ununterbrochen seekrank war, mehr tot als lebendig in New York an. Einigermaßen wiederhergestellt, reiste sie weiter nach Philadelphia, wo Joseph Bonaparte eine herrschaftliche Farm betrieb – und musste vom Exkönig erfahren, dass ihr Sohn nach New Orleans weitergereist war. «Welch eine Nachricht für eine Mutter, die in dem Augenblicke, wo sie glaubte, sich in die Arme des Sohnes werfen zu können, sich wieder mehrere hundert Stunden von ihm entfernt sieht.»

Regula erbettelte auch vom Exkönig Reisegeld und fuhr mit der Postkutsche an den Mississippi, dann per Schiff flussabwärts nach New Orleans. Bei der Ankunft war sie so geschwächt, dass man sie ins Hotel tragen musste. Immerhin fand sie noch gleichentags ihren Caspar – aber der war an Gelbfieber erkrankt, erschöpft und verbittert durch enttäuschte Hoffnungen und ausgestandene Strapazen. Er starb nur drei Tage später in den Armen der Mutter. Es war das achtzehnte ihrer Kinder, das sie dem Herrn zurückgab. «Feyerlich war das militärische Begräbnis, aber herzzerreißend für die hinterlassene Mutter, die Meere durchschiffet, Berge, Flüsse und Seen mit Lebensgefahr passiret hatte, um diesen ihren Sohn, jetzt die einzige Stütze ihres Alters, aufzusuchen, und ihn in dem Augenblicke gefunden hatte, wo der Tod schon seine kalten Fittige um ihn geschlagen und ihn unerbittlich zur Beute des Grabes gemacht hatte.»

Zehn Monate musste Regula Engel in New Orleans ausharren, bis sich eine Gelegenheit zur Rückreise nach New York bot, und noch einmal mehrere Monate, bis es am 3. Dezember 1819, nach mehr als drei Jahren in Amerika, wieder heim nach Europa ging. In dieser Zeit hatte sie angefangen, «eine andere Grille in den Kopf zu fassen» – nämlich den Plan, in London die Bezwinger Napoleons um die Gnade zu bitten, ihren ägyptischen Zwillingen ins Exil nach St. Helena folgen zu dürfen. Die Überfahrt nach England war stürmisch und dauerte achtundzwanzig Tage; auf die Bittschrift, die Regula Engel eigenhändig ins Palais des Prinzregenten trug, erhielt sie die Antwort, dass es ihr nicht erlaubt sei, nach St. Helena zu reisen; hingegen sei ihr unbenommen, ihren Söhnen Briefe dorthin zu schreiben, wobei diese offen dem Ministerium vorgelegt werden müssten. Das tat sie denn auch. Eine Antwort von ihren Söhnen erhielt sie nie.

Das ist nicht verwunderlich, denn ihre ägyptischen Zwillinge – das kann man beweisen – haben nie einen Fuß auf St. Helena gesetzt. Nur drei Soldaten durften Napoleon auf die Insel begleiten, und die hießen nicht Engel, sondern Bertrand, Montholon und Gourgaud; außerdem bestand das Gefolge des Kaisers aus dem Historiker Las Cases sowie zehn Bediensteten, die ebenfalls nicht Engel hießen, sondern Marchand, Cipriani, Santini, Saint-Denis, Pierron, Lepage, die zwei Brüder Archambault, Rousseau, Gentilini und Noverraz. Wohin auch immer die Weltgeschichte Regula Engels Zwillinge verschlagen hat – auf St. Helena waren sie nicht.

Zwei Jahre später war Napoleon tot, die französische Kolonie auf St. Helena verstreute sich in alle Winde. Regula Engel war auf der vergeblichen Suche nach ihrer verschollenen Tochter Catharina in der Zwischenzeit nach Italien gereist. Nun hörte sie Gerüchte, ihre ägyptischen Zwillinge seien nach Amerika ausgewandert oder hätten sich dem griechischen Befreiungskampf angeschlossen. Ihnen dorthin zu folgen, hatte Regula nicht mehr die Kraft. Sie kehrte heim nach Zürich, von wo sie vierundvierzig Jahre zuvor ausgezogen war, und veröffentlichte noch im selben Jahr ihre Memoiren, die sich anscheinend gut verkauften; schon vier Jahren später erschien eine «zweite, verbesserte Auflage» mit zusätzlichen amüsanten und publikumswirksamen Anekdoten.

Aber reich wurde Regula Engel damit nicht. Zwar setzte sie nach jahrelangem Kampf durch, dass ihr der französische Staat eine kleine Witwenrente auszahlte, aber das Geld reichte nicht zum Überleben. Also ging sie auf der Suche nach hilfreichen Seelen armselig auf Wanderschaft, dem Zürichsee entlang ostwärts nach St. Gallen und wieder zurück, dann nach Luzern, wo sie den zweiten Teil ihrer Memoiren verfasste, in denen sie ihre Wanderschaften durch die Schweiz beschrieb.

Erst 1844, über zwanzig Jahre nach ihrer Heimkehr, erbarmte sich die Stadt Zürich ihrer und beschloss per Präsidialverfügung, «die längere Duldung der vierundachtzigjährigen Frau Engel geb. Egli, Witwe des Hr. Oberst Engel aus Graubünden anzuordnen und daher die Pflege und Aufnahme dieser halbblinden Person als Extra-Kostgängerin à 4 Batzen täglich in den Spital» zu bewilligen. Im

folgenden Jahr erhielt die Spitalverwaltung zweihundert französische Franken vom Bürgerkönig Louis Philippe und wurde bevollmächtigt, die Summe «für Kleider, kleine Bedürfnisse und etwa als Extragaben an die Witwe Engel, keineswegs aber zur Bezahlung von allfälligen Schulden derselben zu verwenden».

Regula Engel starb am 25. Juni 1853 im Alter von zweiundneunzig Jahren. Im Totenbuch des Spitals steht unter der Rubrik «Herkommen» der Vermerk: «heimatlos». Sie wurde im Spitalfriedhof bei der Predigerkirche beigesetzt.

4 Ferdinand Hassler

Als Marie Grosholtz im Oktober 1795 heiratete, tat sie das
wahrscheinlich aus Liebe und nicht, wie damals üblich, aus
Berechnung. Zwar war sie von bescheidener Herkunft, keine Schönheit und mit vierunddreißig Jahren auch schon in
einem Alter, da andere eher ans Sterben als ans Heiraten
dachten – aber eine bessere Partie als den mittellosen, aus
dem Burgund eingewanderten Schlossersohn François Tussaud, der ihr als Gehilfe im Wachsfigurenkabinett zur Hand
ging und keinerlei besonderes Talent erkennen ließ, hätte
sie gewiss machen können. Wenn man zudem bedenkt, wie
viel Wert Marie zeitlebens auf ihre Freundschaft mit den
Mächtigen und Reichen dieser Welt legte, muss sie François
das Jawort wirklich aus reiner Liebe gegeben haben. Ihre
Briefe jedenfalls sind voller Liebesschwüre, und das erste
Kind gebar sie im September 1796, ein knappes Jahr nach der
Hochzeit. Sie gab ihm den Namen Marie Marguerite Pauline,
und als es halbjährig starb, fertigte sie vom kleinen Leichnam
eine Totenmaske an und stellte diese in ihrem Kabinett aus.

Zur selben Zeit machte in Maries Heimatstadt Bern ein junger Mann von sich reden, der mit absonderlichen Instrumenten über Wiesen und Felder zog, um als Erster eine exakte

Landkarte der Schweiz anzufertigen. Das gelang ihm zwar nicht, dafür ging er nach Amerika und vergrößerte das Territorium der USA auf Kosten Kanadas um mehrere hundert Quadratkilometer – und zwar nicht mit Waffengewalt, sondern mit einem schlauen Trick.

Nichts hatte auf ein abenteuerliches Leben hingedeutet, als Ferdinand Hassler am 7. Oktober 1770 im Untertanenstädtchen Aarau als einziger Sohn einer bürgerlich-wohlhabenden Uhrmacherfamilie zur Welt kam. Er besuchte die Lateinschule seiner Vaterstadt und ging mit sechzehn Jahren nach Bern, um auf Wunsch des Vaters Jurisprudenz zu studieren. Dort aber lernte er den Hamburger Mathematik- und Astronomieprofessor Johann Georg Tralles kennen, dessen Vorlesungen wesentlich spannender waren als die Juristerei. Zwischen den jungen Männern – der gestrenge norddeutsche Professor war dreiundzwanzig Jahre alt, sein eifriger Lieblingsstudent sieben Jahre jünger – entwickelte sich eine enge Freundschaft. Bald ließen sie Theorie und Hörsaal hinter sich und gingen in die schweizerische Berglandschaft hinaus, bestimmten die Höhe der umliegenden Berge, die Tiefe der Seen und deren Breitengrade – und dann begannen sie das ehrgeizige Unternehmen, auf eigene Faust eine exakte Landkarte des Kantons Bern zu zeichnen; denn bis dahin gab es von der schweizerischen Berglandschaft nicht viel mehr als ein paar grob geschätzte Landschaftsbilder aus der Vogelperspektive. Als Erstes vermaßen Tralles und Hassler mittels einer Stahlkette im Moor zwischen Murten- und Neuenburger See eine Strecke von 40 188 Pariser Fuß (13,546 458 Kilometer). Von da aus sollte das ganze Land in riesige Dreiecke aufgeteilt werden, welche dann in immer kleinere Dreiecke zerteilt würden. Von den Endpunkten der vermessenen Grundlinie aus nahmen sie mit dem Theodoliten die Gipfel des nahen Jura ins Visier, bestimmten den Winkel zur Basis sowie den Höhenwinkel und errechneten daraus mit großer Genauigkeit die Entfernung.

Das war ein sehr exaktes, aber auch zeitraubendes und kostspieliges Verfahren. Ferdinand Hassler war nicht nur mit Hingabe bei der Sache, sondern bestritt auch, da Professor Tralles kein Geld besaß, sämtliche Kosten aus der eigenen, das heißt väterlichen Tasche.

Vorerst schritten die Arbeiten gut voran. Im Frühling 1798 aber marschierten französische Truppen in die Schweiz ein und nahmen das alte, stolze Bern binnen vier Tagen ein. An kartographische Messungen war nicht mehr zu denken. Ferdinand Hassler zog sich in sein Heimatstädtchen Aarau zurück und heiratete die Berner Lehrerstochter Marianne Gaillard, die ihm in den folgenden siebzehn Jahren mit großer Regelmäßigkeit alle zwei Jahre ein Kind schenken sollte. Sie machte starken Eindruck auf die Aarauer Bürger, weil sie sehr schön singen und Klavier spielen konnte; die Bürgersfrauen hingegen bemängelten, dass die Hasslerin «sich aber blutwenig mit ihren Kindern und dem Hauswesen abgab». Der junge Ehemann seinerseits wartete auf den Augenblick, da die französischen Besatzer ihm und Professor Tralles den Auftrag erteilen würden, das begonnene Kartenwerk fertigzustellen.

Währenddessen hatte Marie Tussaud in Paris die Erfahrung machen müssen, dass Ehemann François keineswegs der verlässliche Lebensgefährte war, den sie sich nach dem Tod ihres väterlichen Beschützers Curtius gewünscht hatte. Zwar liebten sie einander weiterhin leidenschaftlich, und ihre Briefe waren auch im zweiten, dritten und fünften Ehejahr noch voller Liebesschwüre. Nach dem frühen Tod der erstgeborenen Tochter kamen in rascher Folge die Söhne Joseph und François junior zur Welt. Immer mehr aber erbitterte es die alemannisch arbeitsame Marie, dass der Vater ihrer Kinder sich kein bisschen fürs Geschäft interessierte, sondern im Gegenteil viel Geld beim Kartenspiel verlor und Schulden machte, für die sie dann geradestehen musste.

Hinzu kam, dass die Geschäfte schlecht liefen, weil Marie die größten Attraktionen aus dem Wachsfigurenkabinett hatte entfernen müssen. Nach dem Sturm auf die Bastille hatte sie die Modelle der königlichen Familie im Keller versteckt, um nicht als Royalistin auf der Guillotine zu enden, und als die Revolution ihre eigenen Kinder fraß, hatte sie nacheinander auch die Portraits Dantons, Marats und Robespierres in den Keller getragen. Was übrig blieb, war wenig aufregend und lockte nur spärlich Besucher an – umso mehr, als in der Nachbarschaft Bordelle, Spielkasinos und Tanzlokale wie Pilze aus dem Boden schossen.

Erst blieb das Geld aus, dann begannen die Gläubiger zu drängen. Ende 1802 aber, als Marie schon daran dachte, ihren Salon de Cire zu schließen, kam in höchster Not die Rettung: Ein Schausteller aus London lud sie ein, ihre Wachsköpfe – die königlichen wie die revolutionären – gegen gutes Geld in seinem Etablissement auszustellen.

Das war nun ein Angebot, das für Marie eigentlich nicht in Frage kam. Erstens musste sie sich ums Geschäft kümmern, zweitens um die zwei Söhne und ihre alte Mutter, drittens konnte sie diese Aufgaben nicht ihrem liederlichen Ehemann überlassen. Viertens sprach sie kein Wort Englisch, und fünftens hatte sie Paris und Versailles seit bald dreißig Jahren kaum mehr verlassen.

Doch angesichts ihrer verzweifelten finanziellen Lage nahm Marie Tussaud das Angebot an, ging in den Keller und machte ihre Wachsportraits reisefertig. So kam es, dass die Konterfeis von Ludwig XVI., Marie Antoinette, Marat, Danton und Robespierre einträchtig nebeneinander strohgepolstert in massiven Holzkisten per Postkutsche nach Calais reisten, begleitet übrigens von einer originalen Klinge der Guillotine, einem blutgetränkten Hemd eines Schweizer Gardisten und einem maßstabgetreuen Nachbau der Bastille. Ihren vierjährigen Sohn Joseph nahm Marie mit, den zweijährigen François, die Mutter und das Wachsfigurenkabinett ließ sie in Gottes Namen in der Obhut des Ehemanns zurück. Im Mai 1802 ging sie mit insgesamt siebzig Ausstellungsstücken in Dover an Land – nicht ahnend, dass sie nie wieder aufs europäische Festland zurückkehren würde.

Während Marie Tussaud in der Postkutsche nach London fuhr, zerschlug sich in Aarau für Ferdinand Hassler jede Hoffnung, dass er je eine Landkarte der Schweiz würde erstellen können. Der französische Kriegsminister Berthier nämlich verordnete, dass nicht schweizerische, sondern französische Ingenieure das Werk zu übernehmen hätten, und schickte auch gleich sechzig «Chefs de Génie» nach Bern. Professor Tralles legte sofort seine Professur nieder und ging nach Berlin an die Akademie der Wissenschaften. Ferdinand Hassler blieb allein zurück und war bitter enttäuscht – vom Professor, von Frankreich und der Schweiz, von der Politik im Allgemeinen und den Wissenschaften im Besonderen, von der Weltgeschichte überhaupt und vom ganzen alten, blutigen, treulosen Kontinent Europa. Er beschloss, nach Amerika auszuwandern.

Im Frühling 1804 machte der Heimatmüde die Bekanntschaft des Lausanner Industriellensohns Jacques Marcel, der ihm einen kühnen Plan unterbreitete: Sie sollten zusammen hundert oder zweihundert Quadratkilometer Ackerland am Mississippi kaufen und eine Schweizer Kolonie gründen. Hassler sollte Geld vorstrecken und Kolonisten anwerben, Marcel würde vorausreisen und Land kaufen. Am 1. Mai 1804 wurde in Aarau eine Aktiengesellschaft gegründet, an der sich neben Marcel und Hassler mehrere notable Aarauer Bürger beteiligten.

Vorerst lief alles nach Plan. Marcel verschwand mit dem Geld über den Atlantik, Hassler folgte ihm ein halbes Jahr später, begleitet von Ehefrau Marianne und ihren vier gemeinsamen Kindern sowie ein paar Bediensteten, sechsundneunzig Koffern Handgepäck und vielen schönen Hoffnungen. Nach zweimonatiger Überfahrt an Bord der Liberty trafen sie am 18. Oktober im Hafen von Philadelphia ein.

Dort aber erwartete die Kolonisten eine herbe Enttäuschung: Das Geld war weg. Jacques Marcel hatte es angeblich in unkündbaren öffentlichen Anleihen angelegt oder sich sonstwie verspekuliert oder alles für sich beiseitegeschafft – jedenfalls war es weg. Wahrscheinlich zerstritten sie sich ziemlich rasch. Zwar schrieben Hassler und Marcel noch am 20. Februar 1806 gemeinsam einen Brief an Präsident

Thomas Jefferson, in dem sie ihn um Unterstützung beim Landkauf baten. Aber schon eine Woche später schickte Hassler heimlich einen zweiten Brief hinterher. Darin ließ er den Präsidenten wissen, dass er als Direktor der Kolonie nicht unbedingt ständig vor Ort sein müsse und er in der übrigen Zeit gern als Kartograph im Dienst der USA arbeiten würde.

Da Jefferson nichts von sich hören ließ, mussten die Direktoren schauen, wie sie überlebten. Marcel und seine Frau eröffneten in Charleston, South Carolina, einen Lebensmittelladen, in dem sie viele Jahre leben und drei Kinder großziehen sollten. Hassler verkaufte eins ums andere seiner dreitausend wissenschaftlichen Bücher, und um sich als Kartograph zu empfehlen, hielt er Referate in der Philosophischen Gesellschaft Philadelphias, deren prominentestes Mitglied Thomas Jefferson war. Rasch erreichte er, dass einflussreiche Mitglieder Interesse für die Kartographie entwickelten und dem Präsidenten in langen Briefen darlegten, wie wichtig es für die amerikanische Wirtschaft und deren Schifffahrt sei, die zerklüftete Ostküste der jungen Nation präzise zu vermessen. Tatsächlich hatte der Außenhandel seit dem Ende des Unabhängigkeitskriegs einen enormen Aufschwung genommen; an der Ostküste Amerikas waren achtzigtausend Schiffe unterwegs und riskierten Tag für Tag Schiffbruch, weil sie keine exakte Kenntnis hatten von Strömungen, Windverhältnissen und Untiefen.

Es ist gewiss kein Zufall, dass am 10. Februar 1807, keine sechzehn Monate nach Hasslers Ankunft in Amerika, Senat und Repräsentantenhaus beschlossen, «eine Vermessung der Küsten der Vereinigten Staaten vorzunehmen, samt allen

Inseln und Untiefen, sämtlichen Durchfahrten und Anker-plätzen innerhalb von zwanzig Leages von jedem Teilstück der Küste der Vereinigten Staaten (...)»

Mit dem Projekt selbst war Jefferson einverstanden. Nicht geheuer war ihm, dass ein Ausländer damit betraut werden sollte. «Die Einwanderer haben oft nahezu gren-zenlose Erwartungen an unsere Ämter», beschied er einem von Hasslers Fürsprechern. «Andrerseits ist es richtig, dass gewisse Arbeiten nichts mit Vaterlandsliebe zu tun haben, weshalb man sie wohl einem verdienten und erfahrenen Fremden übertragen kann. Das mag im vorliegenden Fall so sein ... »Am 21. Juli 1807 erhielt Ferdinand Hassler formell den Auftrag, die gesamte Küste der USA zu kartographie-ren.

Aber bevor er anfangen konnte, kam ihm schon wieder ein Krieg in die Quere. Zwischen den USA, England und Frankreich brach ein Handelskrieg aus, der den transat-lantischen Handel zum Erliegen brachte. Zwanzigtausend Seeleute wurden arbeitslos, beidseits des Ozeans herrschte Wirtschaftskrise, und an kostspieligen Luxus wie das Erstel-len von Landkarten war wiederum nicht mehr zu denken.

In der Not wurde Hassler Mathematikprofessor an der Militärakademie West Point, New York. Den eigentlichen Auftrag aber, die Küste der USA zu vermessen, verlor er nicht aus den Augen. Er schickte eine Liste der benötigten Instrumente nach Washington und fügte hinzu, dass «gute Instrumente niemals im Laden erhältlich sind, sondern auf Bestellung von den besten Mechanikern Londons angefertigt werden müssen». Zwar erkundigten sich die Vorgesetzten noch, was das alles denn kosten werde, und Hassler erbot sich, die Einkaufsreise nach London selbst zu unternehmen. Aber dann hörte er vier Jahre nichts mehr.

Erst Jeffersons Nachfolger James Madison erinnerte sich an Hassler und schickte ihn im August 1811 nach London, die Instrumente zu besorgen. Kaum aber war er in England eingetroffen, erklärten die USA England den Krieg und wollten Kanada erobern. In der Folge hatte Hassler, der längst US-Bürger war, in London einen schweren Stand. Die Mechaniker hatten es alles andere als eilig, dem Feind kriegswichtige Messinstrumente zu liefern. Die Behörden blockierten sein Salär. Und als die Instrumente endlich fertig waren, wurden sie beschlagnahmt. Vier Jahre dauerte der Krieg, und vier Jahre musste Hassler in London warten. Im dritten Jahr starb sein achtjähriger Sohn Alexander, im vierten gebar Marianne ihr achtes Kind, den kleinen Edward. Erst nach dem Friedensschluss von Gent kehrten die Hasslers, um ein Kind ärmer und um eines reicher, im August 1815 an Bord der Susan nach Amerika zurück, die Instrumente sorgsam im Bug verstaut.

Ferdinand Hassler war sechsundvierzig Jahre alt und aufs Neue voller Hoffnung. Fünfundzwanzig Jahre hatte er darauf gewartet, endlich wieder als Kartograph arbeiten zu dürfen; nun ging es im Oktober 1816, nur ein Jahr nach seiner Rückkehr nach Amerika und wenige Tage vor Ankunft Regula Engels in New York, endlich los. Hassler vermaß eine erste, sechs Meilen lange Basislinie in New Jersey, dann eine zweite von fünf Meilen auf Long Island. Er berechnete ein erstes Dreieck und fügte ein zweites an, dann ein drittes und ein viertes, arbeitete fleißig und mit nie erlahmender Sorgfalt. Im Februar 1817, nach nur fünf Monaten, ließ die

US-Schatzkammer anfragen, wie viel Zeit Hassler für die Vermessung der Atlantikküste – die mit ihren zahlreichen Inseln und Buchten viele tausend Kilometer lang war – noch brauche. Die Politiker murrten, dass die ersten Siedler Amerikas in kürzester Zeit mit Kompass und Kette ganz ordentliche Landkarten gezeichnet hätten, während Hassler seit Monaten zugange sei und nichts weiter zustande gebracht habe als ein paar Dreiecke.

Hassler versuchte zu erklären, erläuterte die Wichtigkeit einer ersten, präzisen Triangulation, auf die sich alle weitere Kartographie stützen werde – vergeblich. Am 14. April 1818 beschloss der Kongress in aller Eile, ohne Diskussion und in totaler Unkenntnis der Materie, die Kartographierung der Küste ab sofort Armee und Marine zu übertragen. Zivilist Hassler wurde entlassen – nach jahrzehntelanger Wartezeit und nur anderthalb Jahren Arbeit.

Zum Trost erhielt er den Auftrag, bei der Ziehung der Grenze zu Kanada, die laut Friedensvertrag mit England auf dem 45. Breitengrad liegen sollte, die Interessen Amerikas zu vertreten. Hassler fuhr mit seiner Kutsche hinauf ins Grenzgebiet zwischen Vermont und Quebec, bestimmte den 45. Breitengrad – und kam in Übereinstimmung mit seinem kanadischen Kollegen zum unangenehmen Schluss, dass die Grenze eine Meile weiter südlich lag als bisher angenommen. Das war für die USA umso ärgerlicher, als sie kurz zuvor an der bisherigen Grenze, in Rouses Point am Champlainsee, ein großes Grenzfort gebaut hatten. Damit es nicht in die Hände Kanadas fiel, musste Hassler sich etwas einfallen lassen. Schließlich fand er die Lösung. Wenn man davon ausgehe, dass die Erde eine Kugel sei, teilte er dem

Präsidenten mit, bleibe Rouses Point für die USA tatsächlich verloren. Laut neuesten wissenschaftlichen Erkenntnissen aber sei sie keineswegs rund, sondern ein an den Polen abgeplattetes Elipsoid. Deshalb komme der 45. Breitengrad streng genommen etwas weiter nach Norden zu liegen – also nicht eine Meile südlich, sondern zehn Meilen nördlich von Rouses Point.

Washington war begeistert. Ottawa weniger.

Es folgte ein endloses diplomatisches Tauziehen, das erst 1842 in einem Kompromiss endete. Die Grenze folgt seither weitgehend dem althergebrachten 45. Breitengrad, verschiebt sich aber bei Rouses Point um zehn Meilen nach Norden. Das Fort steht noch immer da und gehört für alle Zeit den USA.

Zwar hatte Ferdinand Hassler damit das Territorium der USA um ein paar hundert Quadratmeilen ausgedehnt, aber gedankt wurde ihm das nicht, die Vermessung der Küste blieb Sache der Militärs. Dieser Undank erbitterte ihn sehr. «Ich habe keinen Ehrgeiz mehr», schrieb er nach Washington. «Ein Leben als Bauer scheint mir reizvoller als jedes andere; dieses Ziel hatte ich schon, als ich hierherkam, und habe es nur unter dem Zwang der Umstände aus den Augen verloren.» Er zog mit Gattin Marianne und den mittlerweile sieben Kindern in die Wildnis des Nordens, ins Grenzgebiet zu Kanada, wo das Klima rau, der Boden aber billig war, und kaufte am Ufer des Ontariosees eine Farm mit hundertsechsundsechzig Quadratkilometern Land. Er ließ Wald roden, schaffte große Rinderherden an und stellte Schweizer Bauern ein, die Milch zu Butter und Käse verarbeiteten, welche dann in Boston, Washington und New York verkauft werden sollten.

Bei aller Liebe zum Landleben scheint Hassler aber nie so weit gegangen zu sein, selbst Hand anzulegen. Er kehrte oft und gern in die Zivilisation zurück, hielt Referate vor der Philosophischen Gesellschaft Philadelphias, verhandelte mit Politikern und pflegte den Austausch mit Wissenschaftlern. Zu ihrem Leidwesen blieb seine Frau Marianne, die in der Jugend so schön gesungen und Klavier gespielt hatte, dann jedes Mal allein unter Wölfen und Bären zurück. Eines Nachmittags im Sommer 1823, als ihr Gatte wieder einmal abwesend, sie selbst fünfzig Jahre alt und die Kinder irgendwo draußen waren, packte sie ihre Reisetasche und ging fort, nach fünfundzwanzig Ehejahren, um nie mehr zurückzukehren.

Hassler war dreiundfünfzig Jahre alt und am Tiefpunkt seines Lebens angelangt – allein mit sieben Kindern auf einer unrentablen Farm und ohne Aussicht auf eine bessere Zukunft. Er kehrte der Wildnis den Rücken, ging zurück nach New York und nahm eine Stelle als Lehrer an. Neun Jahre lang schlug er sich mit wechselnden, schlecht bezahlten Jobs durch – bis am 10. Juli 1832, als er schon zweiundsechzig Jahre alt war, der Traum seines Lebens doch noch in Erfüllung ging: Der Kongress beschloss die Wiederaufnahme der Küstenvermessung. Und weil die Militärs in der Zwischenzeit nichts zustande gebracht hatten und in ganz Amerika kein besserer Kartograph zu finden war, wurde Hassler als Superintendent zu einem Jahresgehalt von dreitausend Dollar und zusätzlich tausendfünfhundert Dollar Unkostenpauschale engagiert. Diesmal wurde ihm jeder Wunsch erfüllt. Er erhielt neunzig Assistenten, vierzehn Theodoliten, fünfzehn Sextanten, zwanzig Uhren, zwanzig Messtische, zwanzig

größere und kleinere Schiffe, fünfzig Zelte sowie ungezählte Fernrohre, Barometer und Pferdefuhrwerke. Solchermaßen ausgestattet, arbeitete Hassler sich von New York aus die zerklüftete Küste hoch über Rhode Island hinaus, dann südwärts über New Jersey, Delaware und die Chesapeake Bay. Diesmal funkte ihm kein Krieg, keine Revolution und kein Politiker dazwischen. In den letzten zehn Jahren seines Lebens vermaß er tausendzweihundert Triangulationspunkte auf einer Fläche von neuntausend Quadratmeilen, zeichnete die Küstenlinie auf einer Länge von tausendsechshundert Meilen auf und erstellte zweihundert präzise Land- und Seekarten. Tag für Tag schleppte er seine schweren Instrumente bei Wind und Wetter durch unwegsames Gelände, und nachts saß er im Büro und machte im Licht von sechs oder acht Kerzen seine Berechnungen.

Kurz nach seinem dreiundsiebzigsten Geburtstag geriet er während der Messarbeit in einen Hagelsturm. Der Wind riss das Zelt fort. Hassler stürzte zu Boden, als er seine kostbaren Instrumente vor den Hagelkörnern zu schützen versuchte. Mehrere Stunden blieb er in Regen und Kälte liegen, bis ihn jemand fand. Drei Tage später starb er im Fieber. Seine letzten Worte waren: «Meine Kinder! Meine Papiere!»

5 Samuel Johann Pauli

Der Berner Samuel Johann Pauli hatte Ideen, die vor ihm niemand auf der Welt gehabt hatte, und er hatte den Willen, Himmel und Erde zu erobern. Zu seinem Unglück aber kamen seine Ideen immer zu früh, zu spät oder am falschen Ort. Und als er einmal tatsächlich Weltgeschichte schrieb, hat er es nicht bemerkt.

Geboren ist er am 13. April 1766 in Vechigen bei Bern, wo sich die Menschen seit alters her von Ackerbau und Viehwirtschaft ernährten. Sein Vater war Wagenbauer und Schmied, also wurde er ebenfalls Wagenbauer und Schmied. Die Paulis bauten Wagen und Kutschen für die Großbauern und adligen Grundbesitzer, was ihnen ein gutes, wenn auch nicht üppiges Auskommen verschaffte. Ihr Wohnhaus über der Schmiede, das heute noch an der alten Landstraße steht, hatte ein weit ausladendes Walmdach und strahlte den Frieden alteingesessenen, tief verwurzelten Handwerks aus. Johannes Samuel Pauli aber war keiner, der nach alter Väter Sitte leben und arbeiten, alt werden und sterben wollte. An der Dorfschule in Vechigen, die von einem landlosen Bauern oder einem kriegsversehrten Söldner im Nebenamt betrieben wurde, war er ein wissbegieriger Schüler, der seinen Lehrer wohl bald überforderte. Die Zeichnungen, die von ihm erhalten sind, zeugen von außerordentlichen Kenntnissen in Mathematik und Physik, die er kaum an der Dorfschule erworben haben kann; wo immer er später hinkommen sollte – nach Bern, Paris oder London –, sahen ihn die größten Meister ihres Fachs als einen der Ihren an.

Als Lehrling in der väterlichen Werkstatt gab er sich nicht damit zufrieden, die immergleichen Wagen althergebrachter Bauart herzustellen, sondern suchte ständig nach neuen Formen, technischen Verbesserungen und komfortableren Bauweisen für die Kutschen und Karossen. Der Vater aber, so scheint es, teilte den Forscherdrang seines Sohnes nicht. Also zog Samuel Pauli in einem Alter, da andere heirateten und den väterlichen Betrieb übernahmen, fort und ließ sich vor den Toren der Stadt Bern am Ufer der Aare nieder, um seine Erfindungen den reichen Patriziern zu verkaufen.

Ein erstes schriftliches Zeugnis findet sich 1796 im «Berner Adresshandbuch der Handelshäuser, Fabrikanten, wie auch der Künstler u.s.w». Darin schreibt der Neunundzwanzigjährige über sich: «Johannes Pauli, Jünger, Carossier, im Altenberg, macht alle Sorten Kutschen und Chaisen. Zur Bequemlichkeit und besserer Befriedigung der Liebhaber macht er zuerst die Zeichnungen davon. Auch hat er eine Art Achsen erfunden, die viel leichter laufen und solider sind, wo man Räder schmieren kann, ohne dieselben wegzunehmen, und mit 2 à 3 Loth Oel für eine Reise von 100 und mehr Stunden, Wagenschmiere genug hat.»

Darüber wüsste man gern mehr. Seit der Erfindung des Rades in Mesopotamien sechstausend Jahre vor Paulis Geburt hatten die Fuhrleute aller Länder unter der Mühsal gelitten, dass sie die Räder, um sie zu schmieren, täglich von der Achse nehmen mussten. Immer wieder hatten sich zwar über die Jahrtausende hinweg findige Köpfe die mühevolle Arbeit zu ersparen versucht, indem sie die Radnaben mit Einfüllstutzen fürs Schmieröl versahen. Das Problem war aber bis ins 20. Jahrhundert hinein, dass durch diese Stutzen das Schmieröl auf den holprigen Straßen ebenso rasch wieder ausfloss, wie es zuvor eingefüllt worden war. Falls Pauli dafür mit den ihm zur Verfügung stehenden Mitteln tatsächlich eine Lösung gefunden hat, müssen seine Karossen reißenden Absatz gefunden haben.

Damit hatte es aber ein Ende, als am 5. März 1798 über dreißigtausend französische Soldaten auf die Zähringerstadt zumarschierten, um für Napoleon Bonaparte den freien Zugang zu den Alpenpässen zu sichern und den sagenumwobenen Berner Staatsschatz zu rauben. An jenem Morgen stand Pauli in der Uniform eines Artilleriewachtmeisters in der Nähe seiner Schlosserei und erwartete den Feind vor den Toren der Stadt, die seit ihrer Gründung 1191 nie erobert worden war. Als einfacher Soldat konnte er nicht wissen, dass die Berner Patrizier, um ihre Besitztümer vor der Plünderung zu bewahren, sich heimlich schon am Tag zuvor mit dem französischen Befehlshaber, General Alexis Balthasar Henri Antoine de Schauenbourg, auf eine Kapitulation verständigt hatten. Während das bernische Heer nach einer letzten Schlacht im Grauholz in wilder Auflösung ins Oberland floh, bemächtigte sich Wachtmeister Pauli, der die Niederlage nicht hinnehmen wollte, einer Kanone und zweier Haubitzen und fuhr damit ins Rabbental zum Schänzli, ungefähr zu der Stelle, an der heute das Altersheim Wildermattpark steht, eröffnete das Feuer und streckte zwei französische Husaren nieder. «Es freut uns, melden zu können», heißt es in der *Geschichte der Gemeinde Vechigen* aus dem Jahr 1903, «dass der Wachtmeister Pauli, der auf dem Breitfelde den letzten Kanonenschuss auf die Franzosen abgab, ein Vechiger war.» Am Ausgang des Krieges freilich änderte Paulis Kanonade nichts mehr. Die französischen Regimenter zogen über die Nydeggbrücke in Bern ein und raubten wie geplant den Staatsschatz; dann eilten sie auf direktem Weg nach Toulon, um Bonaparte und die schwangere Regula Engel nach Ägypten zu begleiten.

Während Kartograph Ferdinand Hassler sich enttäuscht nach Aarau zurückzog, kehrte Samuel Pauli in seine Schlosserei zurück, um weiter seine selbstschmierenden Radnaben anzufertigen. Aber die Geschäfte gingen schlecht. Die alte Berner Obrigkeit hatte kein Geld – oder sie versteckte es gut –, und der junge helvetische Einheitsstaat, den Napoleon anstelle der alten Eidgenossenschaft hatte errichten lassen, befand sich ständig am Rand des Bankrotts. Da nun wenig Kutsche gefahren wurde, musste Pauli sich nach einem neuen Broterwerb umsehen.

Als Kanonier hatte er im Gefecht erfahren, wie hoffnungslos unterlegen die mittelalterlich schweren Berner Kanonen der leichten, mobilen Artillerie der Franzosen gewesen waren. Also entwarf er für die neue helvetische Armee leichte Geschütze auf geländegängigen Lafetten, für deren Transport man kein Ochsengespann, sondern nur ein Pferd oder ein paar kräftige Männer benötigte. Und da ihm die zahlreichen, im Krieg zerstörten Brücken aufgefallen waren, reichte er 1801 bei der Zentralregierung Pläne für eine neuartige Bogenbrücke aus Holz ein, die auch zweihundert Jahre später noch durch ihre zeitlose Schönheit besticht. Paulis Pläne wurden geprüft und für gut befunden. Für seine Bogenbrücke, die bei großer Tragfähigkeit von nie gesehener Eleganz war, erhielt er sogar zweihundert Franken aus der Staatskasse. Aber leider fehlte das Geld zur Ausführung – sowohl für Paulis Brücken als auch für die Kanonen.

Also wandte er sich wiederum einem neuen Betätigungsfeld zu. Als 1783 in Paris erstmals zwei Menschen die Schwerkraft überwanden und in einer Montgolfière gen Himmel stiegen, war er siebzehn Jahre alt gewesen. Man kann annehmen, dass das den jungen Mann beeindruckte und er bald eigene Pläne für ein Luftschiff aushheckte. Auch hier aber wollte er sich nicht mit einem Nachbau der Montgolfière begnügen, sondern setzte sich ein ehrgeiziges Ziel, das ihn bis ans Ende seiner Tage verfolgen sollte: Sein Luftschiff würde kein Spielball des Windes, sondern frei zu steuern sein wie eine Pferdekutsche oder ein Segelschiff – das erste von Menschenhand lenkbare Flugzeug der Welt.

Pauli hatte die Beobachtung gemacht, dass eine Holzkugel, wenn man sie in den Fluss wirft, sich um die eigene Achse dreht und hilflos in der Strömung torkelt, wohingegen ein Fisch diese durchschneidet und schwimmt, wohin er will. Wenn man also ein Luftschiff in Form eines Fisches bauen könnte, müsste dieses die Luftströmung genauso durchschneiden; hätte das Gefährt darüber hinaus eine Art Segel oder Luftruder als Antrieb, müsste man es steuern können wie ein Schiff oder eine Kutsche.

Das Luftschiff, das Pauli im Frühling 1802 zeichnete, hatte einen länglichen, schwarzen Rumpf, eine vertikale rote Heckflosse sowie links und rechts hinter dem Kopf zwei seitliche Flossen, die vermutlich der Steuerung dienten. Zwei runde, golden umrandete Augen und ein golden lächelnder Mund verliehen dem Gefährt ein freundlich-verträumtes Aussehen. Als Baustelle und Startplatz wählte er den Garten von Schloss Hindelbank, wo sich heute die Frauenhaftanstalt befindet. Weil er kein Geld besaß, unterbreitete er seinen Plan den Honoratioren Berns, die sich rasch für die Sache begeisterten. In einem Vertrag verpflichteten sich der Präsident der Municipalität und der kurz zuvor abgewählte Regierungsstatthalter, «alle Materialien, die zur Verfertigung obgedachter Maschine erforderlich seyn werden, ohne Anstand in das Schloss Hindelbank zu schaffen». Johann Samuel Pauli seinerseits versprach, sofort mit dem Bau zu beginnen und spätestens im Oktober 1802 «in gemelter Maschine (nach vorher gemachten Proben) von Bern nach London zu fahren».

Im Luftschiff von Bern nach London, über Frankreich und Paris hinweg hinüber zum britischen Erzfeind – das konnte dem französischen Gesandten in Bern nicht gefallen. «Man hat mir bei meiner Ankunft in der Schweiz gesagt», heißt es in den unveröffentlichten Memoiren des Generals Michel Ney, «dass es einem Citoyen Pauly, Mechaniker aus Bern, gelungen sei, eine aerostatische Maschine zu konstruieren, mit der er Reisen durch die Luft unternehmen will. Aus mehreren Gesprächen zu schließen, die ich mit ihm geführt habe, ist er durchaus bereit, sich in den Dienst der französischen Regierung zu stellen. (...) Das Experiment mit der Maschine wird stattfinden. Falls es gelingt, werde ich mich beeilen, der Regierung die Erfindung samt dem Erfinder zukommen zu lassen.»

Wie es scheint, fand das Experiment auf Schloss Hindelbank dann doch nicht statt. Die Zeitungen jedenfalls verlie-
ren kein Wort über einen Fliegenden Fisch am Himmel über
Bern – und das hätten sie wohl getan, wenn Pauli tatsächlich
aufgestiegen wäre. Aktenkundig ist hingegen, dass General Ney für das Experiment fünfzigtausend Francs aus der
französischen Staatskasse spendete, worauf der sechsund-
dreißigjährige Pauli, übrigens noch immer ledig und kinderlos, seine Sachen packte und nach Paris zog, um nie wieder
zurückzukehren.

Unter dem Schutz General Neys bezog er eine schöne
Wohnung, nannte sich fortan Jean Pauly und beauftragte
Aimé Bollé, den berühmtesten Ballonkonstrukteur der Stadt,
ihm ein Luftschiff nach seinen in Bern gezeichneten Plänen
zu bauen. Nun war Paris zwar die Welthauptstadt der Ballonfahrt, aber so etwas wie jenen Fliegenden Fisch, der da
in der Werkstatt von Vater und Sohn Bollé an der Rue de la
Mortellerie 127 entstand und am 22. August 1804 im Schlosspark von Sceaux in die Luft stieg, hatte die Welt noch nicht
gesehen. Aus technischer Sicht verlief die Jungfernfahrt
recht erfolgreich. Sie dauerte ein paar Minuten und führte
über mehrere hundert Meter, wobei das Luftschiff nicht ab-
stürzte, nicht in Flammen aufging und während der ganzen
Fahrt seine Fischform behielt, da es inwendig von einem
Holzgerüst gestützt wurde – eine Erfindung, die hundert
Jahre nach Pauly Graf Zeppelin wieder aufnehmen sollte.
Paulys zweite wichtige Erfindung hingegen – Antrieb und
Steuerung mittels seitlicher Schaufelräder, die er mit Muskelkraft in Drehung versetzte – funktionierte nicht. Zwar
versicherte Pauly nach der glimpflich verlaufenen Landung,

dass sein Fliegender Fisch in jede gewünschte Richtung lenkbar gewesen sei; aus heutiger Sicht aber scheint wahrscheinlicher, dass es die in verschiedenen Höhen unterschiedlich wehenden Winde waren, welche die Richtungsänderungen auslösten. Jean Pauly analysierte den Flug, grübelte über technischen Verbesserungen und zeichnete neue Pläne. Ein gutes Jahr später, am 4. November 1805 nachmittags um halb drei Uhr, stieg sein Fliegender Fisch nochmal auf und fuhr, wie Pauly den Lesern des *Journal de Paris* anderntags berichtete, bei mäßigem Ostwind «mit der Geschwindigkeit eines galoppierenden Pferdes» vom Tivolipark über die Champs-Élysées zur Place de la Concorde, wo zweiundzwanzig Jahre zuvor Marie Grosholtz der Hinrichtung Ludwig XVI. beigewohnt hatte. Dort betätigte der Aeronaut seine Luftruder und schaffte es laut eigener Aussage, fünf oder sechs Minuten gegen den Wind am Ort zu verharren und den tosenden Applaus der Schaulustigen zu genießen. Für die geplante Rückfahrt zum Tivolipark aber hätte er, wie er bedauernd schrieb, die Muskelkraft eines zusätzlichen Mannes benötigt; so trieb der Fliegende Fisch weitere achtzig Kilometer mit dem Wind nach Westen und landete viereinhalb Stunden später in der Abenddämmerung unweit der Kathedrale von Chartres.

Zu diesem teilweisen Misserfolg kam hinzu, dass Paulys Förderer Michel Ney sein Interesse an Fliegenden Fischen verlor, weil er zum Marschall Frankreichs ernannt worden und gegen Österreich in den Krieg gezogen war. Einmal mehr musste Pauly sich nach einem neuen Broterwerb umsehen. Er fand Arbeit und Unterkunft am Montmartre beim berühmten Büchsenmacher Prélat, der Duellpistolen,

Jagdgewehre und Musketen herstellte. Wie es scheint, kam der gelernte Wagenbauer rasch mit der ungleich feineren Mechanik der Schusswaffen zurecht; bald beherrschte er das Handwerk derart gut, dass er sich nicht mehr damit begnügte, die immer gleichen, althergebrachten Vorderladergewehre seines Meister Prélat anzufertigen. Diese hatten nämlich den Nachteil, dass der Schütze sich beim Laden jedes Mal hoch aufrichten musste, was erstens mühsam und zweitens in Feindesnähe gefährlich war. Nach jahrelangem Tüfteln fand er die Lösung, reichte seine Erfindung zur Patentierung ein und erhielt am 29. September 1812 ein Patent auf die wichtigste waffentechnische Neuerung des frühen 19. Jahrhunderts: ein revolutionäres Hinterladergewehr mit Schlagbolzen samt Patrone, das bis zu zweiundzwanzig Schüsse pro Minute abfeuerte. Das war ein großer Schritt hin zum zuverlässigen, feuchtigkeitsresistenten Repetiergewehr, mit dem die europäischen Kolonialmächte wenige Jahrzehnte später das Innere tropischer Kontinente erobern und sich die Welt untertan machen sollten.

Pauly selbst hatte keinen Nutzen von seiner Erfindung. Zwar wurde die Waffe Napoleon persönlich vorgeführt, aber der wollte seine Truppen nicht damit ausrüsten. Erstens hatte sie den Nachteil, dass gelegentlich ein Schuss nach hinten losging, und zweitens herrschte Krieg und für eine Massenproduktion fehlte das Geld. «Erfindungen, die ihrer Zeit vorangehen», sagte der Kaiser mit der ihm eigenen Grandezza, «bleiben ungenutzt, bis das Allgemeinwissen dasselbe Niveau erreicht hat.»

Paulys Gehilfe in der Waffenschmiede aber, der ihm seit drei Jahren zur Hand ging, Johann Nikolaus Dreyse hieß und aus Sömmerda in Preußen stammte, wollte die Erfindung nicht ungenutzt lassen, bis das Allgemeinwissen dasselbe Niveau erreicht hatte. Er blieb noch zwei Jahre in Paris, dann kehrte er heim, übernahm die väterliche Schlosserei und stattete in den folgenden Jahrzehnten heimlich die ganze preußische Armee mit jenen zuverlässigen Hinterladergewehren aus, dank denen Bismarcks Truppen am 3. Juli 1866 in der Schlacht von Königgrätz die zahlenmäßig überlegenen Heere Österreichs und Sachsens vernichtend schlugen und die Führungsmacht in Deutschland errangen. Man kann also sagen, dass der preußisch-protestantische Militarismus seinen Siegeszug ganz wesentlich Samuel Johannes Pauli aus Vechigen bei Bern verdankte. Denn wenn die Schlacht von Königgrätz anders ausgegangen wäre, hätte vielleicht die katholisch-reaktionäre, aber vergleichsweise gemütliche Habsburger Doppelmonarchie das Deutsche Reich ins 20. Jahrhundert geführt, und Adolf Hitler wäre vielleicht Kunstmaler in Wien geblieben.

In jenem September 1812 war Jean Pauly einmal mehr zur falschen Zeit am falschen Ort; denn am Tag, als er das Patent auf sein Gewehr erhielt, stand sein Beschützer Marschall Ney zusammen mit Bonaparte zweitausendsechshundert Kilometer östlich von Paris vor dem menschenleeren, brennenden Moskau und marschierte mit der Grande Armée in den Untergang. Pauly musste bald klar geworden sein, dass es in Frankreich für ziemlich lange Zeit keinen Markt für Hinterladergewehre mehr geben würde.

Als Kaiser Napoleon 1814 abdankte und nach Elba ins Exil ging, verließ auch Pauly Paris und machte sich, inzwischen achtundvierzig Jahre alt und noch immer ledig, kinderlos und ohne Geld, auf den Weg nach London, wo Kartograph Ferdinand Hassler schon drei Jahre auf seine Messgeräte wartete. Im Gepäck hatte er die Baupläne seines Fliegenden Fisches. Er ließ sich in der Charlotte Street im Herzen Londons nieder, nannte sich fortan Samuel John Pauly und fand Unterschlupf bei seinem Landsmann Urs Egg aus Oberbuchsiten im Kanton Solothurn, der vierundvierzig Jahre zuvor nach London gekommen war, sich von da an zwecks besserer Verständlichkeit Durs Egg genannt und es als der beste Büchsenmacher Englands zu Berühmtheit gebracht hatte. Seine Waffen trugen das Markenzeichen «Gun Maker of His Royal Highness», und er stattete die Kavallerie mit Karabinern und die Aristokratie mit Duellpistolen aus. Über die Jahrzehnte war er zu beträchtlichem Vermögen gelangt, das er in verschiedenste Firmen und Liegenschaften investierte. Durs Egg war ein arrivierter Geschäftsmann, seit fünfunddreißig Jahren mit einer ehrenwerten Kaufmannstochter verheiratet und britischer Staatsbürger, darüber hinaus siebenfacher Vater, persönlich bekannt mit König Georg III. und dem Prinzen von Wales und ein würdiger Gentleman von siebenundsechzig Jahren – aber als ihm John Pauly in anheimelndem Schweizerdeutsch die Zeichnungen seines Fliegenden Fisches erläuterte, fing er Feuer wie ein Jüngling.

Durs Egg stellte viel Geld zur Verfügung – zehntausend Pfund laut eigenen Angaben, fünftausend Pfund gemäß Pauly –, und schon ein halbes Jahr später, am 25. April 1815, erteilte König Georg III. den zwei Schweizern die Lizenz, eine «areostatische Maschine in der Form eines Fischs oder Vogels zu bauen» und diese binnen sechs Monaten in die Luft steigen zu lassen.

Endlich schien Paulys großes Lebensziel in Erfüllung zu gehen. Als Erstes bestellte er seinen Pariser Ballonbauer Aimé Bollé nach London, damit dieser ihm einen neuen Fliegenden Fisch baute, und Durs Egg ließ in der Nähe des Hyde Parks einen dreißig Meter langen Schuppen errichten, dessen Tore vom Boden bis unters Dach reichten – vermutlich der erste Hangar in der Geschichte der Luftfahrt. Ein Heer von Näherinnen wurde engagiert, welche die äußere, fischförmige Hülle des Luftschiffs, die mit Wasserstoffgas gefüllt werden sollte, in siebenfachen Schichten aus dem getrockneten Gedärm von siebzigtausend Ochsen zusammennähte, und dann einen zweiten, kugelförmigen Ballon, der im Innern des Fisches für den Druckausgleich sorgen sollte. Die zehn Meter lange Heckflosse, die als Steuerruder diente, bestand aus Seide und Walfischbein, ebenso die Seitenruder links und rechts. Was den Antrieb betraf, so hatte Pauly aus seinen Pariser Flügen gelernt, dass Muskelkraft allein nicht ausreichte. Neu in seine Pläne hatte er eine Dampfmaschine aufgenommen – eine möglichst leichte.

Am 16. August 1816 meldete der Londoner *Observer*, dass der «Flying Dolphin» beinahe fertiggestellt sei und bald den regelmäßigen Luftverkehr nach Paris mit jeweils fünfzehn bis zwanzig Passagieren aufnehmen werde. Das Fluggerät war Stadtgespräch und zog Heerscharen von Schaulustigen an, die einen Guinea zahlten für das Recht, einen Blick ins Innere des Hangars werfen und als Zuschauer beim Jungfernflug dabei sein zu dürfen. Als Madame Tussauds wanderndes Wachsfigurenkabinett in Manchester gastierte, hing über dem Eingang ein maßstabgetreues Modell des Fliegenden Delphins. Durs Egg und John Pauly verkündeten, dass sie beim Jungfernflug, «falls ruhiges Wetter herrscht, den fischförmigen Ballon in kreisförmigem Rundflug um London herumsteuern» würden; bei starkem Wind hingegen würden sie einen anderen Kurs fahren – aber ebenfalls zum Startplatz zurückkehren.

Leider fand der Jungfernflug nie statt. Welcher Art die Schwierigkeiten waren, mit denen die Aeronauten zu kämpfen hatten, ist nicht bekannt; wahrscheinlich funktionierte die Steuerung über die Schwanz- und Heckenflossen nicht, und mit Sicherheit war die Dampfmaschine derart schwer, dass der Fliegende Delphin keinen Fingerbreit vom Boden abhob. Und hätte er sich doch einmal in die Lüfte erhoben, hätte mit großer Wahrscheinlichkeit ein Funke aus der Dampfmaschine das Wasserstoffgas in der Ballonhülle zur Explosion gebracht.

So neigte sich das Jahr 1816 zur Neige, ohne dass die Tore des Hangars sich geöffnet hätten. Über den Misserfolg gerieten die zwei Schweizer Luftschiffpioniere in Streit und gingen auseinander, worauf Pauly in Armut versank und 1821, fünfundfünfzig Jahre alt, irgendwo in der großen Stadt einsam, vergessen und fern von Vechigen starb.

Durs Egg überlebte ihn um ein Jahrzehnt und wurde dreiundachtzig Jahre alt, aber auch ihm war es nicht vergönnt, den Fliegenden Fisch in der Luft zu sehen. Er erblindete 1822, wurde verbittert und verbrachte seine alten Tage mit familiären Streitigkeiten und Geschäftshändeln vor Gericht.

Was aus dem Fisch geworden ist, kann niemand sagen. Verbürgt ist, dass Ballonbauer Aimé Bollé sich in London mit Durs Egg zerstritt und sich vor seiner Abreise notariell bestätigen ließ, dass er «deux grands et superbes ballons» für das Luftschiff fertiggestellt habe, und zwar «parfaitement bien». Sicher ist auch, dass Bollé eineinhalb Jahre später, am Abend des 27. August 1818, auf den Champs-Élysées bei Feuerwerk und musikalischer Begleitung einen sechsundneunzig Fuß langen Wal aus Ochsendarm in die Luft steigen ließ. Wie die Zeitung *La Quotidienne* am folgenden Tag schrieb, beehrten der Herzog und die Herzogin von Berry das Fest mit ihrer Anwesenheit, und mehrere Berühmtheiten seien inkognito dabei gewesen. Ob das nun aber Paulys Luftschiff war, das Bollé möglicherweise an sich genommen hatte, weil Egg ihn nicht auszahlte, weiß man nicht. Vielleicht hatte er den Fisch auch nachgebaut, und das Original war im Hangar beim Hyde Park geblieben und lag dort Jahr um Jahr und Jahrzehnt um Jahrzehnt, bis die siebzigtausend Ochsendärme brüchig wurden und zu Staub zerfielen.

Möglicherweise aber, und das wäre das schönste Ende der Geschichte, erhob sich das Luftschiff viele Jahre später doch noch in den Himmel. Es ist nämlich überliefert, dass im Herbst 1844 eine US-amerikanische Artistentruppe, die im Zoologischen Garten von Surrey gastierte, einen Luftballon in Form eines Fliegenden Fisches vorführte. Ob das nun John Paulys Ballon war oder eine Nachbildung, weiß man nicht. Direktor Phineas T. Barnum hatte ihn in London gekauft – von wem, bleibt im Dunkeln. Unbestrittener Star der Artistentruppe war ein kleinwüchsiger Mann von fünfundachtzig Zentimetern Körpergröße, der auf den Künstlernamen «General Tom Thumb» hörte, mit seinen Possen europaweit berühmt geworden war und zweimal im Buckingham Palace Königin Victoria seine Aufwartung hatte machen dürfen. Dem Vernehmen nach soll die Monarchin

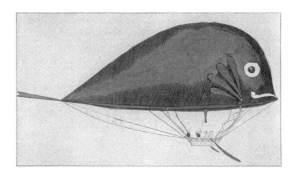

General Tom Thumbs Paradenummer umwerfend komisch gefunden haben, bei welcher der Knirps als Kaiser Napoleon verkleidet in Uniform und Dreispitz über die Bühne stolzierte, dabei unablässig Tabak schnupfte und über die verlorene Schlacht bei Waterloo nachsann. Zum Abschluss der Schau bestieg er jeweils die Gondel des Fliegenden Fisches, drehte hoch über den Köpfen der Zuschauer eine Runde durch den Zoologischen Garten und sang dazu den «Yankee Doodle», während vierzig Männer den Ballon an Seilen festhielten, damit der kleine Napoleon nicht vom Winde verweht wurde. Eines Tages jedoch erfasste eine Bö das Luftschiff, worauf die Hälfte der Männer die Seile losließ und die andere Hälfte in die Luft gerissen wurde; und wären nicht in höchster Not zweihundert Zoobesucher zu Hilfe geeilt, wären der Fliegende Fisch und General Tom Thumb auf Nimmerwiedersehen verschwunden.

6 Hans Jakob Meyer

Als der englische Dichter Lord Byron, den die romantische Jugend Europas als den größten Poeten seit Shakespeare verehrte, 1824 im griechischen Hafenstädtchen Missolunghi sechsunddreißigjährig starb, lag er in den Armen eines Hans Jakob Meyer aus Zürich, der ein falscher Arzt, Schuldenmacher und Frauenheld, aber auch ein großer Kämpfer für die Freiheit Griechenlands war. Byrons Herz wurde an Ort und Stelle begraben, sein balsamierter Leichnam nach England gebracht. Und während Madame Tussaud in London eine Wachsfigur des Dichters anfertigte, rüstete in Griechenland Hans Jakob Meyer zum letzten Gefecht gegen die Türken.

Seine Kindheit und Jugend hatte er in Zürich im Haus «Zur Sichel» am Rindermarkt verbracht, wo unmittelbar nach ihm Gottfried Keller aufwachsen sollte. Das ist reiner Zufall, hat keinerlei Bewandtnis und erklärt sich schlicht durch den Umstand, dass das vorindustrielle Zürich eine Kleinstadt von fünfzehntausend Einwohnern mit einer recht übersichtlichen Zahl von Bürgerhäusern war.

Sein Vater war Apotheker, die Mutter Bauerntochter aus dem nahen Schwamendingen. Zufälligerweise hatten sie beide denselben Jahrgang wie Marie und François Tussaud – sie

1761 geboren, er acht Jahre später. Dass junge Männer deutlich ältere Frauen heirateten, war damals ebenso unüblich wie heute, in Zürich wie in Paris, aber es kam vor – meist wegen unerwarteten Eintretens anderer Umstände, manchmal aus pekuniären oder amourösen Gründen, zuweilen auch aus ganz anderen, nicht mal dem Brautpaar bewussten Motiven. Welche Umstände Hans Jakobs Eltern vor den Traualtar geführt haben mögen, ist nach über zweihundert Jahren nicht mehr in Erfahrung zu bringen. Immerhin geht aus den Zürcher Tauf-, Ehen- und Totenbüchern hervor, dass Bräutigam Johannes erst wenige Tage vor der Hochzeit aus Tübingen, wo er in Medizin doktoriert hatte, zurückgekehrt war, und dass Sohn Hans Jakob schon vier Monate nach der Trauung, am 30. Dezember 1798, zur Welt kam.

Auch über Hans Jakobs Kindheit weiß man wenig. Vorerst arbeitete der Vater bescheiden als Stößer in der Apotheke Meyer, mit deren Besitzer er übrigens nicht verwandt war. Trotzdem scheint die Familie finanziell rasch vorangekommen zu sein; 1803 konnte Johannes das Haus «Zur Sichel» kaufen, und 1805 erbat er vom Sanitätskollegium die Bewilligung, in Zürich nicht mehr nur als Apotheker, sondern als Arzt praktizieren zu dürfen.

Am 16. November 1809 aber starb seine Frau Elisabeta und ließ ihn mit zwei Buben und dem Haushalt allein zurück. Es war wohl schlicht eine Frage des Überlebens, dass er schon ein halbes Jahr später erneut heiratete, diesmal eine Arzttochter namens Andrea Andres aus Amriswil, die sechzehn Jahre jünger war als die Verstorbene. Sie brachte nebst ihrer Aussteuer auch gleich ihre Mutter mit ins Haus «Zur Sichel», und sechs Monate nach der Hochzeit schenkte sie Johannes Meyer einen dritten Sohn, der auf den Namen Albert getauft wurde.

Was der älteste Sohn, der zwölfjährige Hans Jakob, vom plötzlichen Familienzuwachs hielt, weiß man nicht. Vielleicht vertrug er sich nicht mit der neuen Stiefmutter, oder er empfand den väterlichen Lebensmut als Verrat an der verstorbenen Mutter; möglicherweise rebellierte er auch ohne äußeren Anlass, um dem Schatten des Vaters zu entkommen. Jedenfalls ging er schon früh eigene Wege. Vorerst trat er zwar scheinbar in die väterlichen Fußstapfen, besuchte die Lateinschule und begann eine Apothekerlehre. Aber als er sechzehn Jahre alt war, kam es zur Trennung, ausgelöst durch ein Ereignis am anderen Ende der Welt.

Im April 1815 nämlich brach im fernen Indonesien der Vulkan Tambora aus und spuckte derart viel Asche in die Atmosphäre, dass es auf der ganzen Welt zwei Jahre lang keinen Sommer gab. In Europa kam es zu katastrophalen Missernten, in der Ostschweiz starben Tausende den Hungertod. In St. Gallen, Winterthur und Zürich stiegen die Lebensmittelpreise ins Unermessliche. Die einfachen Leute litten Hunger, viele starben. Die Städte leerten sich, die Menschen zogen aufs Land, weil es dort einfacher war, etwas Essbares zwischen die Zähne zu bekommen. Johannes Meyer verkaufte das Haus «Zur Sichel» und ging mit seiner Familie nach Elgg im Zürcher Oberland. Der erstgeborene Hans Jakob aber ging nicht mit, sondern zog auf eigene Faust durch die Dörfer.

Dem Vernehmen nach war er ein charmanter, gut aussehender Bursche, dem es nicht schwerfiel, die Herzen fremder Leute zu gewinnen. Nach wenigen Wochen, am

24. April 1817, heiratete er eine Salomea Staub aus Hombrechtikon, dreiundzwanzig Jahre alt und die Tochter des Kirchenpflegers. Die Ehe war von Anfang an ein Desaster. Nach der Hochzeit musste die unglückliche Braut nämlich zur Kenntnis nehmen, dass Hans Jakob wenig Zeit zu Hause verbrachte, weil er Affären mit anderen Frauen hatte und sein Geld bei Wein und Glücksspiel verprasste. Als er nach nur zwei Monaten dem ehelichen Heim vollends den Rücken kehrte, reichte Salomea Scheidungsklage ein wegen «Austritts aus der Ehegemeinschaft», worauf das Ehegericht die Verbindung – die Gott sei Dank kinderlos geblieben war – ohne große Umstände auflöste.

Weshalb die beiden überhaupt geheiratet hatten, bleibt ein Rätsel. Am wahrscheinlichsten scheint, dass Hans Jakob hauptsächlich die Aussicht lockte, im Haus des Kirchenpflegers täglich einen gedeckten Tisch vorzufinden, und möglicherweise hat er, als er im Sommer 1817 verschwand, irgendwo einen besser gedeckten Tisch gefunden. Vielleicht ist er aber tatsächlich, wie er später behauptete, aus Abenteuerlust nach Paris ausgerissen und konnte sich dort Zugang zu den besten Kreisen verschaffen. Schon am 14. Juli 1817 – nur drei Monate nach der Heirat – will er zu Besuch bei der berühmten Madame de Staël gewesen sein, in deren Salon die größten Philosophen und gekrönten Häupter Europas verkehrten. Dass sie dem achtzehnjährigen Schweizer eine Audienz gewährte, scheint erstaunlich, aber nicht unmöglich, da sie ja selbst die Tochter eines Genfer Bankiers war. Verbürgt ist, dass Madame de Staël ausgerechnet am Tag von Hans Jakobs angeblichem Besuch an den Folgen eines Gehirnschlags starb, weshalb der Bursche gerade rechtzeitig auftauchte, um den Ärzten beim Sezieren des Leichnams zuzuschauen und der Untersuchung ihres Gehirns beizuwohnen.

Aktenkundig ist, dass er spätestens ein Jahr danach wieder daheim war. Dreimal – am 23. Juli, 20. August und 3. September 1818 – zitierte ihn das Ehegericht nach Winterthur, damit er über seine Versäumnisse als Ehemann Auskunft gebe. Hans Jakob aber kam den Aufforderungen nicht nach, sondern blieb, wie das Gericht festhielt, «am Rechten ungehorsam aus». Stattdessen ging er nach Freiburg im Breisgau und schrieb sich am 19. Mai 1819 an der Universität als *studiosus medicinae* ein. Da er aber kein Geld besaß, häufte er vom ersten Studientag an Schulden auf Schulden, erschlich sich auf betrügerische Weise Stipendien und musste noch vor Semesterende heimlich die Stadt verlassen, worauf ihn der Senat auf ewig von der Universität verbannte und bei den Zürcher Behören anfragen ließ, ob in der Familie des Geächteten jemand für dessen Schulden aufkommen könne. Die Zürcher antworteten am 17. Juni 1820, dass Meyer, dieser «liederliche Mensch», vollkommen mittellos sei und dem Vater, der mit eigener Not zu kämpfen habe, weitere Opfer nicht zuzumuten seien.

Hans Jakob hatte keinen festen Wohnsitz und keine Arbeit, und bei seiner geschiedenen Gattin konnte er sich nicht blicken lassen. Manchmal fand er beim Vater Unterschlupf. Aber wie es in seinem Leben weitergehen sollte – das wusste er nicht.

Die Jahre nach dem Wiener Kongress waren eine bedrückende Zeit für einen freiheitsliebenden jungen Mann. Die Französische Revolution war fürs Erste gescheitert, und überall in Europa waren die Adligen und der Klerus an die Macht zurückgekehrt. Wer an Freiheit, Fortschritt und Humanität glaubte, musste sich ducken und auf bessere Zeiten hoffen. Als jedoch am 7. März 1821 der Aufstand der Griechen gegen die türkische Fremdherrschaft ausbrach, wurde die Jugend Europas von einer Welle romantischer Begeisterung erfasst. In Bayern und der Schweiz, in Frankreich, Italien und England wurden philhellenische Gesellschaften gegründet, und große Geister wie Goethe, Hölderlin, Puschkin und Victor Hugo schlossen sich ihnen an. Von überall her zogen junge Männer ins Land Homers, um für die Nachkommen Agamemnons und Aristoteles' die Freiheit zu erkämpfen – wenn sie denn schon im eigenen Land nicht zu haben war. Und jene, die zu Hause blieben, sammelten Geld, um den griechischen Freiheitskampf zu finanzieren.

Hans Jakob war Feuer und Flamme. Als im August 1821 in Bern ein Hilfsverein für die Griechen gegründet wurde, tauchte er dort als «Doktor Meyer aus Zürich» auf und hatte ein Empfehlungsschreiben der Basler Missionsgesellschaft dabei, das wohl ziemlich echt aussah. In ihrem romantischen Überschwang statteten die Berner den Zürcher Doktor mit reichlich Reisegeld aus und schickten ihn auf den griechisch-türkischen Kriegsschauplatz, wo er fürs Erste die Lage sondieren und eine sichere Art der Geldüberweisung an die griechischen Kämpfer finden sollte.

Kaum aber war Hans Jakob Meyer abgereist, schrieb die *Neue Zürcher Zeitung* in ihrer Ausgabe vom 19. September, dass es in Zürich keinen Doktor oder Arzt dieses Namens gebe, wohl aber einen verkrachten Medizinstudenten, worauf die Berner Philhellenen den Kontakt mit ihm abbrachen. Immerhin habe man ihm kein Geld anvertraut, ließ der Verein die Öffentlichkeit wissen.

Wahrscheinlich war Hans Jakob in der Zwischenzeit über den Genfer See und die Rhône nach Marseille gereist, wo sich die Philhellenen gern versammelten, um für zwanzig, fünfzig oder hundert Mann ein Schiff zu mieten, das sie dann in zwei- bis dreiwöchiger Fahrt an Korsika, Sardinien und Malta vorbei nach Griechenland brachte. Es wird wohl Ende 1821 gewesen sein, als er in Missolunghi im Golf von Patras ankam, einem verschlafenen, malariaverseuchten Hafenstädtchen mit achttausend Einwohnern. Die Philhellenen hatten es zum Hauptquartier auserkoren, weil es von Sümpfen und einer Lagune umgeben, mit einer Befestigungsmauer sowie zwölf Kanonen bewehrt und deshalb schwer einnehmbar war.

Die vierhundert griechischen Kämpfer, die sich dort versammelt hatten, waren ein wilder Haufen: landlose Kleinbauern aus Thessalien und venezianische Adlige auf Sinnsuche, verkrachte deutsche Studenten und verarmte Handwerker aus Attika, gescheiterte französische Revolutionäre und lebensferne britische Dichter. Ihnen schloss sich Hans Jakob Meyer begeistert an. Er lernte marschieren, salutieren und schießen, und nach wenigen Wochen, am 2. Februar 1822, nahm er in offizieller Funktion als Chirurg der griechischen Armee an Bord der Aris unter dem Kommando des legendären Kapitäns Miaulis an der Seeschlacht von Patras teil.

Offenbar war es ihm auch in Griechenland ein Leichtes, die Herzen der Menschen zu erobern. Schon im Frühling 1822, wenige Wochen nach seiner Ankunft, heiratete er ein einheimisches Mädchen aus der Familie der Inglezis, die den

besten Kreisen Missolunghis angehörte. Den Schwieger-
eltern zuliebe konvertierte er zum griechisch-orthodoxen
Glauben, und da der Schwiegervater als angesehener und
erfolgreicher Kaufmann die Braut mit einer großzügigen
Mitgift versah, bezog das junge Paar nach der Hochzeit
ein schönes Haus und zeugte umgehend die erste von zwei
Töchtern. Im Erdgeschoss richtete Hans Jakob die erste und
beste Apotheke Missolunghis ein.

Wie es scheint, lernte er rasch die griechische Sprache,
führte sich in der guten Gesellschaft ein und packte überall
mit an, wo Not am Mann war. Zweifellos war er dabei, als die
Männer Missolunghis in Erwartung eines baldigen türkischen
Angriffs an der Nordseite des Städtchens – der einzigen, die
nicht von Sumpf oder Lagune umgeben war – einen Erdwall
aufschütteten, der zwar nur mannshoch, aber zwei Kilometer
lang war und sich in der Folge als äußerst effizient erweisen
sollte.

Kaum war der Wall fertig und hatte der Winterregen ein-
gesetzt, marschierte im November 1822 eine türkische Streitmacht auf und begann die Stadt zu belagern. Es regnete ohne
Unterlass. Die türkischen Kanonen versanken im Sumpf,
und wenn sie aufs Städtchen schossen, schlugen die Kugeln
im sumpfigen Boden ein und detonierten im Schlamm, ohne
Schaden anzurichten. Die Zündkapseln der Gewehre wurden
feucht. Die Soldaten trugen schwer an ihren schlammigen
Stiefeln, und viele litten unter Fieber. Als der Wind auf Nord
drehte, begann es zu schneien. Die Griechen konnten sich
in ihre geheizten Steinhäuser zurückziehen und schliefen
in warmen, trockenen Betten, die Türken aber hausten in
Zelten, wurden krank und verloren den Mut.

Um die Moral seiner Truppe zu heben, befahl Kommandant Omer Vrionis am 24. Dezember einen Überraschungsangriff in der Hoffnung, dass die Griechen am Geburtstagsfest ihres Gottessohnes weniger wachsam sein würden. Aber sein Plan wurde verraten, und er verlor mehrere hundert Soldaten beim vergeblichen Ansturm auf den Erdwall.

Hans Jakob Meyer hatte in der Zwischenzeit nebst der Apotheke auch die Leitung des Lazaretts übernommen. Er operierte Schusswunden und nähte Schnittverletzungen, pflegte Fieberkranke und amputierte zerschmetterte Glieder – anscheinend mit derartigem Geschick, dass es niemandem einfiel, seine ärztliche Qualifikation in Zweifel zu ziehen. Gelegentlich hatte er auch kranke Landsleute als Patienten; aktenkundig ist etwa ein Philhellene namens Heinz Bruppacher aus Fluntern ob Zürich – demselben Bauerndorf also, dem auch die Soldatengattin Regula Engel entstammte –, der etwa zur gleichen Zeit wie Meyer nach Griechenland gereist war. Zu Hause in Fluntern hatte Bruppacher einiges Ansehen, denn sein Vater war Bauer und Seckelmeister des Dorfes. In Missolunghi aber verfiel er dem Wahnsinn und legte ein derart unmögliches Betragen an den Tag, dass man den Achtundzwanzigjährigen an einer Eisenkette im Stroh festband wie einen Hund, bis sich ein deutscher Arzt seiner erbarmte und ihn zu Meyer ins Lazarett brachte, wo er trotz liebevoller Pflege im August 1822 starb.

Unbekannt ist hingegen, ob auch Regula Engels ägyptische Zwillinge in Missolunghi waren, von denen die Mutter gerüchteweise gehört hatte, sie seien nach dem Tod Napoleons in den griechischen Freiheitskampf gezogen. Falls dem so war, wären sie als kriegserprobte Soldaten unter den romantischen, aber meist unerfahrenen Philhellenen gewiss rasch aufgefallen. Wahr ist aber, dass die Zwillinge nirgends erwähnt werden – weder von Meyer noch von einem anderen jener zahlreichen Philhellenen, die ihre Kriegserinnerungen zu Papier gebracht haben.

Die Scharmützel mit den türkischen Belagerern zogen sich bis zum Herbst 1823 hin. Der Erdwall hielt sämtlichen Angriffen stand; auf beiden Seiten gab es Hunderte von Toten und Tausende von Verletzten. Doktor Meyer hatte im Lazarett und in der Apotheke alle Hände voll zu tun, und zu Hause erwartete ihn seine Frau, die schon bald die zweite Tochter unter dem Herzen trug.

Große Erleichterung herrschte im Städtchen, als im Oktober 1823 die türkischen Belagerer abzogen, und Euphorie brach aus, als am 4. Januar 1824 Lord Byron, der größte Dichter seiner Zeit, nach Missolunghi kam, um Seite an Seite mit den Philhellenen zu kämpfen. Besonders die Soldaten, die seit Monaten keinen Sold mehr erhalten hatten, verbanden die schönsten materiellen Hoffnungen mit der Ankunft des schwerreichen Adligen, die sich in der Folge dann auch erfüllen sollten.

Wie ein Heilsbringer wurde Lord Byron samt seiner Geldbörse empfangen, als er im Hafen von Missolunghi mit Gefolge und seinem Neufundländer-Hund, der auf den Namen «Lion» hörte, an Land ging. Die philhellenischen Offiziere standen Spalier und boten ihm seine Dienste an, und der Dichter, der schon lang davon geträumt hatte, sich im männlichen Kampf zu bewähren, heuerte fünfhundert Krieger an und verpflichtete sich, ihnen für ein Jahr Sold zu bezahlen. Immer mehr Soldaten strömten ins Städtchen, bald trug jeder dritte Einwohner Uniform. Dumm war nur, dass während der Regenzeit an einen Eroberungszug in türkisch besetztes Gebiet nicht zu denken war. Also langweilten sich die Soldaten und krakeelten, schossen mit ihren Vorderladern in die Luft und piesakten die Bürger und deren Frauen. Als ein Kaufmann sich darüber beschwerte, dass Soldaten in seiner Abwesenheit sein Haus besetzt hatten, wurde er kurzerhand von einem Uniformierten auf offener Straße erschossen. Hans Jakob Meyer, der daneben stand, sagte später vor Gericht gegen den Täter aus, worauf dieser zu einer Gefängnisstrafe verurteilt wurde.

Einer von Byrons Gefolgsleuten hatte eine Druckerpresse mitgebracht, um in Missolunghi die erste Zeitung Griechenlands herauszugeben. Als Redakteur und einziger Reporter wurde Hans Jakob Meyer engagiert, da er Griechisch konnte und Land und Leute kannte. Die *Ellinika Chronica* erschien in griechischer Sprache zweimal wöchentlich und vertrat kämpferisch und freiheraus das Philhellenentum sowie Freiheit, Gleichheit und Demokratie. Das missfiel dem aristokratischen Lord Byron, der zur Ansicht neigte, dass dem unreifen griechischen Volk allzu viel Pressefreiheit eher schaden als nützen werde. Vor allem aber störte ihn die hemdsärmelig-republikanische Art des Chefredakteurs. Als Meyer in der Ausgabe vom 15. März 1824 einen heftigen Angriff gegen das habsburgische Kaiserhaus veröffentlichte, ging das Lord Byron, mit dessen Geld die Zeitung hauptsächlich finanziert wurde, zu weit: Er ließ das Blatt, das mit seinen nur vierzig Abonnenten die habsburgische Doppelmonarchie kaum ernsthaft gefährden konnte, beschlagnahmen und verlangte Meyers Entmachtung. Dieser sei ein «gebürtiger Schweizer und falscher Grieche» und «von allen kleinen Tyrannen einer der kleinsten», schrieb Byron einem befreundeten Geschäftsmann, weil er in der Zeitung nur seine eigene Meinung gelten lasse, an fremden Texten aber nach Belieben herumschneide, kratze und kürze. Zwar beeilte sich der Lord hinzuzufügen, er selbst habe nie für das Blättchen zur Feder gegriffen; die Heftigkeit seines Angriffs aber könnte doch den Verdacht nähren, dass in jenen frühen Ausgaben der *Hellenischen Chronik* das eine oder andere anonyme und unerkannte kleine Werk des unsterblichen Dichters steht, das vom «falschen Griechen» unverzeihlicherweise verstümmelt wurde.

Umgekehrt hegte Meyer ebenso wenig Sympathien für den dandyhaften Adligen, der sich eine sechsundfünfzig Mann starke Leibgarde hielt und dessen größter Kummer es war, dass er mit seinen sechsunddreißig Jahren nicht mehr so dichtes Kopfhaar hatte wie mit zwanzig. Der Konflikt wäre zweifellos zum offenen Streit eskaliert und hätte mit dem Sieg des finanzstarken Byron geendet, wenn dieser nicht just in jenen Tagen krank geworden wäre. Es begann mit einem nervösen Zusammenbruch, dann folgten Kopf- und Gliederschmerzen sowie regelmäßige Fieberschübe. Im März stemmte der Dichter sich noch gegen die Krankheit und ritt täglich mit seinem Pferd aus. Im April aber verließ er das Bett kaum mehr, wurde schwermütig und sprach vom Sterben.

Aus heutiger Sicht scheint klar, dass er sich in den Sümpfen Malaria zugezogen hatte. Seine vier Ärzte aber waren ratlos. Sie behandelten ihn mit Chinarinde aus Meyers Apotheke, traktierten ihn mit Klistieren und ließen ihn ein ums andere

Mal zur Ader, bis Byron beide Arme ausstreckte und rief: «Kommt her, ihr Schlächter, und nehmt so viel Blut ihr wollt, aber macht ein Ende!»

Es half alles nichts, er starb am Ostermontag, dem 19. April 1824, um sechs Uhr abends, ohne je an einem nennenswerten Kampf teilgenommen zu haben – und sein Feind Meyer war bei ihm. Mag sein, dass Byrons vier Ärzte den Schweizer Kollegen herbeigerufen hatten, um seinen Rat einzuholen, vielleicht hatten sie auch nur Medikamente bei ihm bestellt. «Lord Byron ist in meinen Armen gestorben», schrieb Meyer wenig später triumphierend. «Sonderbare Sache, dass jener, welcher meine Zeitung schlechtmachte, in meinen Armen sterben musste. Ich kenne jetzt alle seine Winkelzüge, aber ich habe gewonnen, Gott sei gedankt ... Byron ist tot! Schadet sein Tod der Sache Griechenlands? Nein ...»

Kurz nach dem letzten Atemzug des Dichters machten sich die vier echten und der falsche Arzt an die Sektion des Leichnams. Da er für den Transport nach London einbalsamiert werden sollte, entfernten sie die inneren Organe und das Gehirn. Bei dieser Gelegenheit ließ Hans Jakob Meyer seine Kollegen wissen, dass Lord Byrons Hirn von ganz ähnlicher Form, aber wesentlich größer sei als jenes der Madame de Staël, das er sieben Jahre zuvor habe betrachten dürfen.

Hier könnte nun leicht der Verdacht aufkommen, dass der hochstaplerische Meyer seine Anwesenheit an Byrons Sterbebett bloß erfunden hat, um seine eigene Biographie anzureichern – aber es gibt unverdächtige Zeugen. 1825 bestätigte ein Weggefährte Byrons, der italienische Graf Pietro Gamba, in seinen Memoiren Meyers Bericht in vollem Um-

fang. Und 1856 berichtete der deutsche Arzt Heinrich Trei-
ber, der Byron in Missolunghi behandelt hatte, dass er am
Bett des Verstorbenen gestanden und zu Meyer gesagt habe:
«Drücken wir ihm jeder ein Auge zu. Eine Leuchte der Welt
ist erloschen!»

Meyers Triumph sollte nicht lange währen. Schon ein
Jahr nach Byrons Tod, im April 1825, stand der türkische
Oberbefehlshaber Reschid Pascha mit zehntausend Mann
vor Missolunghi, und im Juli schloss die türkische Flotte das
Städtchen gegen die See ab. Die griechischen Verteidiger
hielten dem Ansturm der Feinde gegen den Erdwall stand,
aber nach mehrmonatiger Belagerung griff der Hunger
um sich. Am 20. Februar 1826 verstummte die *Hellenische
Chronik*, weil eine feindliche Granate die Druckerpresse traf.
Die Typen vergrub Meyer eigenhändig, damit sie dem Feind
nicht in die Hände fielen. Erbittert stellte er fest, dass viele Offiziere des muslimischen Heers ausgediente Soldaten
der napoleonischen Armee waren; ob sich unter ihnen die
ägyptischen Zwillinge der Regula Engel befanden, weiß man
nicht.

Im Frühjahr 1826, zwei Jahre nach Lord Byrons Tod,
wurde die Hungersnot im Städtchen unerträglich. «Wir sind
genötigt, uns von den unreinsten Tieren zu nähren», schrieb
Hans Jakob Meyer an einen Freund, «leiden furchtbar Hunger und Durst und sind mit Krankheiten geschlagen. Von
unsern Brüdern sind 1740 tot. Mehr als 100000 feindliche
Bomben und Kugeln haben unsre Wälle, unsre Häuser
zerstört. Auch die Kälte quält uns bei unserem gänzlichen
Holzmangel. Bei so vielen Entbehrungen ist es ein großes,
ein erhabenes Schauspiel, den Mut der Besatzung, ihre Hin-

gebung zu sehen. In wenigen Tagen werden so viele Tapfere nur noch Engelsseelen sein …»

Seit Beginn der Belagerung hatte der türkische Kommandant Reschid Pascha den Griechen immer wieder einen milden Waffenstillstand und freien Abzug angeboten; aber die Philhellenen waren entschlossen, sich bis zum letzten Mann zu verteidigen. «Mich macht der Gedanke stolz, dass das Blut eines Schweizers, eines Enkels von Wilhelm Tell, sich mit dem Blute der Helden Griechenlands mischen soll», schrieb Meyer kurz vor dem Ende.

In der Nacht vom 22. auf den 23. April 1826 versuchten die Philhellenen in einem verzweifelten Ausfall, den Belagerungsring zu durchbrechen und die nachströmenden Frauen und Kinder in Sicherheit zu bringen. Aber der Verteidigungswall, der die Stadt vier Jahre lang so zuverlässig beschützt hatte, erwies sich in umgekehrter Richtung als unüberwindbares Hindernis. Die Türken schlugen die Griechen ohne Schwierigkeiten zurück und strömten hinter ihnen her in die Stadt. Darauf folgte ein Gemetzel, dem fast alle Einwohner zum Opfer fielen.

Auf welche Art Hans Jakob Meyer aus Zürich, der an jenem Morgen siebenundzwanzig Jahre und hundertundzwölf Tage alt war, den Tod fand, ist ungewiss. Die Wiener *Allgemeine Zeitung* schrieb am 25. Mai, er habe sich durch einen Pistolenschuss entleibt. Der schottische Historiker George Finlay, der selbst in Missolunghi dabei war, berichtete 1877, Meyer habe es mit dem Kind auf dem Arm und der Gattin an seiner Seite über den Erdwall hinweg und über die Ebene bis zum Fuß der Hügel geschafft, wo er aber getötet wurde, während das Kind und die Frau gefangen genommen wur-

den; der griechische Geschichtsschreiber Georges Drossinis wiederum versichert, Meyer sei während des Ausfalls zusammen mit anderen Philhellenen – sechs Deutschen und einem Polen – im Kugelhagel gefallen. Was mit der Ehefrau und den beiden Töchtern weiter geschah, weiß man nicht; die meisten Quellen gehen davon aus, dass auch sie im Blutbad umkamen. Einige wenige halten es für möglich, dass sie nach Serres in Nordgriechenland verschleppt wurden, wo der schreckliche Ismail Pascha herrschte.

7 Maria Manning

Am Genfer See lebte um 1840 ein schwarzlockiges Mädchen namens Marie Roux, das gern hübsche Kleider trug und sich die Augen mit Kajal schminkte. Sie war die Tochter des Postmeisters und nicht gerade arm, aber auch nicht reich, weshalb sie sich die Kleider selbst schneiderte und das Haar eigenhändig frisierte. Wenn die reichen englischen Touristinnen mit ihren prächtigen Roben in sechsspännigen Kutschen an ihr vorüberfuhren, schaute sie ihnen hinterher und träumte von einem Leben in Schlössern und Palästen an der Seite eines Prinzen. Und als ihr schließlich klar wurde, dass sie am Genfer See immer die Tochter des Postmeisters bleiben würde, beschloss sie, ihr Glück in England zu suchen.

Wo genau ihr Geburtshaus stand, ist schwer zu sagen, da die angelsächsische Strafgerichtsbarkeit immer nur das Verbrechen selbst, nicht aber das Vorleben der Angeklagten im Auge hat. Dem Scharfrichter erzählte Marie zuerst, sie stamme aus Genf, einige Tage später dann, sie sei in Lausanne geboren. Aber weder da noch dort ist in den Registern zur fraglichen Zeit eine Marie Roux zu finden. Auf welchen Wegen sie ihre Heimat verließ und wie sie nach England gelangte, weiß man nicht. Ein erstes Lebenszeichen findet sich erst 1843, als sie wohl um die zwanzig Jahre alt war, und zwar in Devonshire im äußersten Westen Englands, auf dem Landsitz der Familie Palk, die im Handel mit Ostindien zu großem Reichtum gelangt war. Marie war die Kammerzofe der Hausherrin Lady Anna Eleonora Palk, einer reizbaren und verdrießlichen Dame mittleren Alters, die unter allerlei Beschwerden litt, weite Reisen zu den berühmtesten Ärzten unternahm und sich immer von ihrer Zofe begleiten ließ. Marie fuhr an der Seite ihrer Herrin in der Dampfbahn Erste Klasse wie eine wirkliche Fürstin, und wenn Mylady die Fähre über den Ärmelkanal nach Frankreich nahm, sonnte Marie sich auf Deck in Gesellschaft der Reichen und Vornehmen, als hätte sie von Geburt an zu ihnen gehört.

Nach drei Jahren aber starb Lady Palk an einer ihrer eingebildeten Krankheiten, und Mary bekam zu spüren, dass sie der Schicht der Reichen und Vornehmen eben nicht angehörte. Sie wurde entlassen und musste sich ein neues Obdach suchen.

Mit Glück und einem guten Arbeitszeugnis fand sie eine Anstellung bei Lady Evelyn Blantyre, der unglücklichen Tochter der berühmten, schönen und unermesslich reichen Herzogin von Sutherland. Für eine Schweizer Postmeistertochter waren schon die Palks schwindelerregend reich gewesen, aber richtig angelangt in der marmornen Welt uralten angelsächsischen Hochadels war Marie erst bei den Sutherlands. Deren Londoner Residenz befand sich unmittelbar neben dem Buckingham Palace, und wenn die Herzogin eine Soirée gab, fanden sich nebst den berühmtesten Künstlern und Schriftstellern des Empire auch die junge Königin Victoria und ihr Gemahl Albert ein. Als dienstbarer Geist immer dabei war Marie Roux. Zwar vergaß niemand auch nur für einen Augenblick, dass sie niederen Standes war, aber immerhin durfte sie die Atemluft gekrönter Häupter atmen und ihre Tage wie eine Prinzessin in Schlössern, Palästen und Luxushotels verbringen. Weil sie ein hübsches Mädchen war, gute Manieren hatte und Englisch mit einem reizenden französischen Akzent sprach, waren die Herrschaften freundlich zu ihr. Man erlaubte ihr, bei ihnen am Tisch zu sitzen und an den Picknicks und Bootspartien teilzunehmen, und gelegentlich machte ihr wohl der eine oder andere Gentleman ein wenig den Hof. Lady Blantyre trug ihre Roben, wie das bei Damen ihres Standes üblich war, meist nur einen oder zwei Tage und überließ sie dann großzügig ihrer Zofe, weshalb Marie fast genauso prächtig gekleidet war wie ihre Herrin. Auch nannte sie sich nun nicht mehr Marie Roux, sondern vornehmer Maria de Roux. Von Weitem betrachtet, schien es fast, als hätte die Oberschicht sie als eine der Ihren aufgenommen.

Aber natürlich war das nicht so.

Das erfuhr Marie jeden Abend beim Zubettgehen, wenn sie in ihre ungeheizte Kammer unter dem Dach stieg. Sie war ein kluges und waches Mädchen und sich darüber im Klaren, dass sie stets bleiben würde, was sie nun einmal war – ein rechtloses Dienstmädchen, das jederzeit in der Gosse landen konnte. Denn den Prinzen, der sie auf sein Schloss entführte und heiratete, gab es im richtigen Leben nicht. Das Beste, worauf sie realistischerweise hoffen konnte, war ein Handwerker oder Kleinbürger, der sie in den Stand einer Ehefrau erhob.

Marie hielt Ausschau. Und eines Tages lernte sie den Zollbeamten Patrick O'Connor kennen, der diese Begegnung mit dem Leben bezahlen sollte.

O'Connor war alles andere als ein Prinz – ein ältlicher Junggeselle von fünfzig Jahren mit falschen Zähnen und einer mächtigen Hakennase, der als Zollbeamter in den Londoner Docks arbeitete und nebenbei mit geschmuggeltem Tabak und Zigarren ein Vermögen von zwanzigtausend Pfund ergaunert hatte. Er verlieh Geld zu horrenden Zinsen und hatte die unangenehme Gewohnheit, mit alleinstehenden Frauen Süßholz zur raspeln, ihnen die Ehe zu versprechen und ihre Briefe, wenn sie erst mal angebissen hatten, bei seinen Freunden zu deren Belustigung herumzureichen.

Bei Maria aber geriet er an die Falsche. Eine Weile verbrachte sie ihre freien Sonntage in der Wohnung des väterlichen Bewunderers. Nach einiger Zeit aber drohte Marie, die ihre Mädchenschönheit verblühen fühlte, O'Connor recht nüchtern mit dem Abbruch ihrer Liaison. «Wozu sollen wir unsere Korrespondenz weiterführen?», schrieb sie ihm 1846 kühl. «Sie sprechen ja doch nie vom Heiraten.»

Derart zurückgewiesen, fing nun der Hagestolz Feuer und wollte durchaus vom Heiraten reden. Marie aber hielt ihn, der gern mit seinem Bargeld und seinen französischen Eisenbahnaktien prahlte, mit Zuckerbrot und Peitsche auf Distanz; und als sie einen wesentlich jüngeren Mann, den Wirtssohn Frederick George Manning aus Taunton kennenlernte, musste O'Connor sich auch damit abfinden.

Frederik Manning war zwar zwanzig Jahre jünger als O'Connor und hatte noch seine eigenen Zähne, aber ein Traumprinz war er ebenso wenig. Laut dem Steckbrief, den die Polizei später verbreitete, war er «5 Fuß und 8 oder 10 Inches groß, stämmig, hellblond und rote Gesichtsfarbe, aufgedunsen, schütteres Haar, blasser, kurzer Backenbart, hellblaue Augen, sonderbar geformte äußere Augenwinkel». Unerwähnt ließ die Polizei höflicherweise, dass er ein übler Säufer war, der nach ein paar Brandys ins Prahlen und Krakeelen geriet und in nüchternem Zustand ein maul- und hirnfauler Geselle war, der in Gesellschaft eines jungen Mädchens kein vernünftiges Wort hervorbrachte. Außerdem kam hinzu, dass sein Gehalt als Eisenbahnwärter bei den Great Western Railways äußerst bescheiden ausfiel. Man kann mit Sicherheit davon ausgehen, dass Marie seinem Charme weder auf den ersten noch auf den zweiten Blick erlag; aber als er durchblicken ließ, dass ihm mütterlicherseits ein Erbe von sechshundert Pfund zustehe, fand sie das schon sehr interessant. Und da sie nicht länger auf O'Connors vage Versprechungen bauen wollte, teilte sie fortan ihre freien Sonntage unter den zwei Männern auf. Die damit verbundenen Heimlichkeiten fanden ein Jahr später ein Ende, als Frederick Manning ihr in einem seltenen Anfall von Entschlussfreudigkeit einen Heiratsantrag machte. Marie fackelte nicht lang und gab ihm am 27. Mai 1847 in der noblen St.-James-Kirche zu Piccadilly das Jawort.

Marie war die Ehe nicht aus leidenschaftlicher Liebe, aber doch aus Überzeugung eingegangen. Sie war schon Ende zwanzig – immer noch hübsch und keine alte Jungfer, aber auch kein ganz junges Mädchen mehr. Je mehr Zeit verstrich, desto gefährlicher wurde die Lage; bald würde ein kleiner Unfall oder eine Krankheit genügen, um sie in der Gosse landen zu lassen, wo sie den Rest ihrer Tage verdämmern würde in Gesellschaft der Millionen Bettler, Huren, Siechen, Säufer und Gauner, die die britische Klassengesellschaft ausgespien hatte.

Es war für Marie schlicht eine Frage des Überlebens, möglichst rasch geheiratet zu werden. Die Schwierigkeit war nur die, dass im England jener Jahre, das von einem Krieg in den nächsten taumelte und mit Waffengewalt das mächtigste Kolonialreich der Welt zusammenhielt, dramatischer Männermangel herrschte. Die Volkszählung 1851 ermittelte 1,4 Millionen ledige Frauen in Maries Alter, und von sämtlichen Frauen in England und Wales waren fünfundvierzig Prozent unverheiratet. Die Konkurrenz war also groß; es wäre äußerst leichtsinnig gewesen, Frederick Manning die kalte Schulter zu zeigen und auf ein besseres Angebot zu warten.

Aber ein Fehler war die Heirat trotzdem.

Wie sich rasch herausstellte, war Frederick nicht nur ein träger, dumpfer Trunkenbold, sondern hatte auch einen zwielichtigen Freundeskreis. Man wird nie wissen, ob Marie darüber Bescheid wusste, ob sie vielleicht gar als treibende Kraft dahintersteckte – jedenfalls ereignete sich auf den Great Western Railways, auf denen Frederick als Sicherheitsbeamter Dienst tat, in den Monaten nach ihrer Hochzeit eine Reihe von Diebstählen und Postrauben, in denen Goldmünzen, Schecks und Banknoten trotz scharfer Bewachung aus den Postwagen verschwanden. Manning wurde als Eisenbahnwächter fristlos entlassen, entging aber einer Anklage, weil gegen ihn keine Beweise vorlagen; zwei seiner besten Freunde hingegen wurden überführt und zu Gefängnisstrafen verurteilt. Die Zeitungen schrieben später, die Polizei habe den entscheidenden Tipp von der Ehefrau eines Bandenmitglieds erhalten, die mit der Aufteilung der Beute nicht einverstanden gewesen sei.

Um sich einen respektablen Lebensunterhalt zu sichern, eröffneten Marie und Frederick Manning in Taunton eine Bierkneipe, das White Hart. Aber die Geschäfte liefen schlecht. Erstens war der frischgebackene Wirt der beste Kunde seiner Kneipe, und zweitens überließ er alle Arbeit seiner Frau, die sich für ihr Leben doch etwas anderes erträumt hatte als endloses Gezänk mit Betrunkenen und täglichen Reinigungsdienst in den Latrinen. Bald kam es zu schrecklichen häuslichen Szenen, in deren Verlauf Marie auf Französisch schimpfte und ihren Gatten laut Zeitungsberichten gelegentlich auch mit einem langen Messer vor sich herjagte. Dieser setzte sich zur Wehr, indem er Zuflucht bei Frauenzimmern von zweifelhaftem Ruf suchte.

In dieser Lage war es für Marie ein Trost, dass ihr alter Bewunderer O'Connor sich wieder meldete. «Wie grausam hast Du an mir gehandelt!», schrieb er in einem Brief vom 11. Juni 1847, der später vor Gericht verlesen wurde. «Dir zuliebe hatte ich mich von meinen Freunden losgesagt und allen gesellschaftlichen Verkehr eingestellt, um mein Vermögen beisammenzuhalten und mit Dir ein glückliches und sorgloses Leben zu führen bis ans Ende unserer Tage.» Er habe ihre Hochzeit für den 6. August fest eingeplant gehabt, behauptete O'Connor nun, da er sicher sein konnte, sein Versprechen nicht mehr einlösen zu müssen, und einen Monat Ferien für die anschließenden Flitterwochen habe er auch schon beantragt. Alles nur Menschenmögliche habe er unternommen, um das eine Wesen auf dem Angesicht der Erde zu heiraten, das allein ihn glücklich machen könne – «Ach Maria!», endet der Brief, «könntest Du nur die Gefühle meines Herzens lesen! Du würdest nicht tun, was Du tust.»

Dass Marie auch nur ein Wort glaubte, ist nicht anzunehmen. Natürlich wäre es ihre Pflicht als verheiratete Frau gewesen, den Kontakt mit dem väterlichen Beschützer endgültig abzubrechen. Andererseits konnte sie guten Gewissens die Ansicht vertreten, dass der nichtsnutzige Ehemann so viel Rücksichtnahme nicht verdiente und sie sich als schutzlose Frau nicht den Luxus leisten konnte, die lebenslange Großzügigkeit eines wohlhabenden Mannes zurückzuweisen.

Nach einem besonders schlimmen Streit bestieg Marie die Bahn und fuhr nach London, in die Arme Patrick O'Connors. Eine Weile lebten die beiden als Ehepaar Johnson in der Queen Street im ärmlichen Stadtteil Bermondsey, dann kehrte Marie zurück an die Seite des legalen Ehemanns und ins White Hart. Einige Wochen später aber floh sie erneut, diesmal unter Mitnahme des Kasseninhalts und des Tafelsilbers, worauf Frederick Manning den ehelichen Herd ebenfalls verließ und Zuflucht bei einer seiner vielen «Lady Friends» fand.

So reihte sich ein Drama ans nächste, und im zweiten Ehejahr war das White Hart bankrott und das Liebestrio des ständigen Gezänks überdrüssig. Frederick und Maria Manning zogen gemeinsam nach London, und Marie brachte ihre beiden Männer dazu, einander die Hände zu reichen, sich zu vertragen und in Frieden zu dritt unter einem Dach zu leben. Am 25. März 1849 bezogen sie ein ziemlich neues zweistöckiges Reihenhaus in Bermondsey mit fließendem Wasser, drei Schlafzimmern und eigenem Hinterhof; die Miete betrug zweiundzwanzig Pfund jährlich und überstieg die Möglichkeiten der Mannings bei Weitem; O'Connor wollte als Untermieter einen schönen Teil übernehmen.

Wie sich aber herausstellte, konnte der Junggeselle seine alte Bindungsscheu nicht überwinden und wollte, nachdem die Mannings den Vertrag schon unterzeichnet hatten, nun doch lieber alleine wohnen. Marie war außer sich vor Wut. Doch als sie erfuhr, dass der Grund für O'Connors Rückzug zarte neunzehn Jahre alt war und ein erstes vages Eheversprechen erhalten hatte, zügelte sie ihren Zorn und zwang sich zu kühler Berechnung. Sie begriff, dass es eine Frage des Überlebens war.

Vorerst machte Marie gute Miene zum bösen Spiel. Um die Miete bezahlen zu können, nahm sie einen Medizinstudenten als Untermieter im Haus auf und lud dann O'Connor aufs Herzlichste zum Abendessen zu dritt ein. Alle paar Tage dinierte der Hausfreund bei den Mannings, und dazwischen besuchte Marie ihn in dessen Wohnung und verbrachte viele Stunden bei ihm; weil zuweilen die Tür offen stand, konnte die Vermieterin hören, wie sich die beiden ausgiebig über französische Eisenbahnaktien, Dividenden und Schuldscheine unterhielten.

Am 25. Juli 1849 kaufte Frederick Manning in einer Eisenwarenhandlung in der King William Street ein Brecheisen. Am 26. Juli bestellte er ein Bushel Ätzkalk und legte Wert darauf, eine besonders aggressive Sorte zu erhalten. Am 28. Juli kündigte Marie dem Untermieter fristlos das Zimmer, weil sie und Frederick für längere Zeit ins Ausland verreisen würden. Am 8. August kaufte sie in der Tooley Street eine handliche kleine Kohlenschaufel, und am Donnerstag, 9. August 1849, schickte sie Patrick O'Connor einen freundlichen Brief, in dem sie ihn auf den Abend zu einer gebratenen Gans einlud.

Als O'Connor kurz nach fünf Uhr bei den Mannings

ankam, war er erschöpft und verschwitzt vom Fußmarsch in der sommerlichen Nachmittagshitze. Marie empfahl ihm, sich in der Küche mit kühlem Wasser zu erfrischen. Auf dem Weg zum Spülbecken führte sie ihn über eine frisch ausgehobene Grube mit der Bemerkung, dass dort Leitungen verlegt würden. Und als O'Connor sich die Hände wusch, trat jemand von den Mannings – ob Marie oder Frederick, wurde nie endgültig geklärt – von hinten an ihn heran und schoss ihm mit einer Pistole eine Kugel in den Hinterkopf, die über dem rechten Auge stecken blieb. Gemäß dem schriftlichen Geständnis, das Frederick in der Todeszelle verfasste und das in Madame Tussauds Wachsfigurenkabinett verwahrt wird, atmete der tödlich Verwundete noch, als Frederick mit dem Brecheisen hinzutrat und ihm mit siebzehn Schlägen, in die er alle Wut des jahrelang gehörnten Gatten legte, den Schädel zertrümmerte. Dann nahm Marie dem Toten die Wohnungsschlüssel ab und machte sich auf den Weg, dessen Eisenbahnaktien und das Bargeld zu holen. Frederick ging unterdessen ins Freie und setzte sich auf die Gartenmauer, um Pfeife zu rauchen, Half-and-Half zu trinken und mit den Nachbarn über Eisenbahnaktien zu plaudern. Um zwanzig vor acht war Marie wieder zu Hause und schnitt dem Toten mit einer Schere die Kleider vom Leib; dann banden sie ihm mit starken Seilen die Füße auf den Rücken, legten ihn in die Grube und bedeckten ihn mit ungelöschtem Kalk, welcher sofort seine ätzende Wirkung entfaltete; anschließend füllten sie die Grube auf. Nach Mitternacht unterbrachen sie die Arbeit und legten sich schlafen. Eine Zeitung schrieb später, die Mannings hätten in der Nacht noch in aller Ruhe die Gans verspeist, zu der sie O'Connor eingeladen hatten.

Am nächsten Morgen setzten sie ihr Werk fort, legten die Bodenplatten zurück an ihren Ort und verfugten sie mit Mörtel.

Wie es scheint, lebten Marie und Frederick vier Tage lang mit dem Toten unter ihren Füßen. Am zweiten Tag klopften zwei Männer an die Tür, aber niemand öffnete. Am dritten Tag kamen die Männer wieder, als Marie draußen auf der Treppe saß. Sie stellten sich als O'Connors Arbeitskollegen vor und wollten wissen, ob Marie etwas über dessen Verbleib wisse. Am vierten Tag erschienen morgens um neun Uhr zwei Polizisten und stellten eindringliche Fragen, und dann übermannte Marie wohl die Angst: Sie packte ihre schönen Kleider in drei große Reisekoffer und verließ um drei Uhr nachmittags das eheliche Heim in einer Mietdroschke. Das Geld und die Aktien nahm sie mit, Frederick ließ sie zurück. Sie fuhr zum Bahnhof Euston, von wo die Züge nach Schottland abgingen.

Eine Woche später wurde Marie in Edinburgh im Büro eines Aktienhändlers verhaftet, weil sie französische Eisenbahnaktien zu verkaufen versuchte, die als gestohlener Besitz Patrick O'Connors, dessen Leiche man inzwischen unter dem Manning'schen Küchenboden gefunden hatte, gemeldet waren. In Maries Gepäck fanden sich die Eisenbahnaktien nebst Banknoten, Schuldscheinen und Goldmünzen sowie Frederick Mannings Testament, das allen Besitz seiner Gattin vermachte. Außerdem fand sich in Maries Kleiderkoffer ein Kleid aus schwarzem Satin, dessen weiße Halskrause mit Blut besprizt war. Die kleine Marie, die ihre schönen Sachen so sehr liebte, hatte es nicht übers Herz gebracht, sich von dem verräterischen Kleidungsstück zu trennen.

Ehemann Frederick war, nachdem er Maries Verschwinden bemerkt hatte, auf die Insel Jersey geflohen, hatte jeden Tag eine Flasche Brandy getrunken und zwei Wochen lang auf seine Verhaftung gewartet. Zwei Polizisten stürmten sein Zimmer am Montag, dem 27. August 1849, um halb zehn Uhr abends. «Habt ihr das Luder schon erwischt?», fragte er als Erstes. «Gott sei Dank, das rettet mir das Leben. Ich bin unschuldig wie ein Lamm.»

Der Strafprozess war kurz, die Beweislage erdrückend. Zwar wurde nie mit letzter Sicherheit geklärt, ob Marie oder Frederick den Pistolenschuss abgefeuert hatte, denn die beiden Eheleute bezichtigten einander gegenseitig der Tat. Nicht den geringsten Zweifel aber konnte es daran geben, dass beide gemeinsam den Mord von langer Hand über Tage und Wochen hinweg geplant hatten.

Einzig Marie strahlte vom ersten bis zum letzten Prozesstag ruhige Zuversicht aus. Sie beantwortete alle Fragen höflich und mit bescheiden niedergeschlagenen Augen, und sie war stets fein in schwarzen Satin und Samt gekleidet. Sie sei «eine ausnehmend hübsche Frau von ansehnlicher, beinahe maskuliner Gestalt», schrieb der *Observer*, «ihre Manieren scheinen (...) die einer vollkommenen Lady zu sein.»

Marie verlor die Fassung erst, als der Richter das Urteil verlas und verkündigte, dass man sie und ihren Mann am Hals aufhängen werde bis zum Tod, ihre toten Körper innerhalb der Gefängnismauern verscharren und ihre Seelen der Gnade des Herrn überantworten werde. «Es gibt kein Recht und keine Gerechtigkeit für Ausländer in England!», rief sie und beteuerte einmal mehr ihre Unschuld. «Wie ein Tier im Wald hat dieses Gericht mich behandelt, aber nicht wie einen Christenmenschen!» Und als der Richter sie aus dem Saal entfernen ließ, rief sie ein letztes Mal: «Schande über England!»

In der Todeszelle des Horsemonger-Lane-Gefängnisses schrieb Frederick kleine Briefe, in denen er Marie vergeblich anflehte, endlich ihre Schuld einzugestehen, damit sie beide in Ruhe vor ihren Schöpfer treten könnten. Sie aber sandte verzweifelte Hilfe- und Gnadengesuche an die Herzogin Sutherland und Königin Victoria, in denen sie ihre Unschuld beteuerte, und wies bis zum Schluss jeden geistlichen Beistand zurück.

Die Hinrichtung war auf den 13. November 1849 angesetzt. Frühmorgens um sieben kleidete Marie sich mit aller Sorgfalt an; als eine Wärterin ihr Baumwollstrümpfe reichte, sagte sie: «Bitte nicht diese, meine Liebe, lieber die weißen Seidenstrümpfe.» Erst als der Gefängnisgeistliche die Eheleute in der Gefängniskapelle ein letztes Mal zusammenführte, versöhnte Marie sich endlich mit ihrem Schicksal und ihrem Ehemann; die beiden weinten, küssten und umarmten einander, bevor der Scharfrichter ihnen die Arme fesselte. Marie bat darum, dass man ihr eines ihrer feinen schwarzen Taschentücher vor die Augen binde, damit sie den Galgen nicht sehen müsse, und Frederick flehte den Geistlichen an, unbedingt zu verhindern, dass von seiner Leiche ein Gipsabdruck gemacht werde, da er nicht als Wachsfigur in diesem «verfluchten Kabinett der Madame Tussaud» enden wolle. Dieser Wunsch sollte nicht in Erfüllung gehen. Keine vier Stunden später betrat Marie Tussauds Sohn Joseph mit reichlich Gips die Totenkammer des Gefängnisses, und Frederick und Maria Mannings Wachsportraits sollten hundert-

zweiundzwanzig Jahre lang als Attraktion in der «Chamber of Horrors» stehen.

Vor dem Gefängnistor herrschte eine Stimmung wie auf dem Jahrmarkt. Dreißigtausend johlende Menschen stießen und schubsten einander im Kampf um eine möglichst günstige Sicht auf den Galgen, der auf dem Gefängnistor errichtet worden war. Manche waren schon Tage zuvor angereist und hatten horrende Preise für einen Fensterplatz in einem der benachbarten Wohnhäuser bezahlt. Das wüste Treiben wurde vom jungen Charles Dickens beobachtet, der voller Entsetzen Notizen machte und noch gleichentags für die *Times* ein flammendes Pamphlet gegen die Barbarei öffentlicher Hinrichtungen verfasste.

Als die zwei Todgeweihten zum Galgen hinaufstiegen, wurde es ganz still. Während Henker William Calcraft, der in seiner Freizeit Blumen, Bienen sowie Tauben und Hasen züchtete und seit Jahrzehnten dafür berüchtigt war, dass er mit zu kurzen Seilen und geringer Fallhöhe seinen Opfern unnötig lange Todesqualen bescherte, den beiden die Schlingen um den Hals legte, suchte Fredericks gefesselte rechte Hand ein letztes Mal nach Maries linker. Ein menschenfreundlicher Wächter, dessen Namen niemand niedergeschrieben hat, führte die zwei Hände zusammen.

8 Adolf Haggenmacher

Adolf Haggenmacher hatte das Unglück, zeitlebens am falschen Ort zu sein – und wenn er mal am richtigen Ort war, dann gewiss zur falschen Zeit. Das begann schon bei seiner Geburt am 3. Mai 1845 auf einer kleinen Flussinsel in der Nähe von Brugg, wo Aare und Limmat zusammenflossen und bei Hochwasser, da sie noch nicht gezähmt waren von Stauwehren und Kanälen, ganze Äcker, Weiden und Bauernhöfe mit sich rissen. Sein Vater, der als Söldner in den Niederlanden Kriegsdienst geleistet hatte und durch Heirat mit einer zwanzig Jahre älteren Baronin zu einem hübschen Vermögen gekommen war, hatte nach deren Tod die Insel gekauft, darauf ein Landhaus im holländischen Stil mit Turmzimmer bauen lassen und in biedermeierlicher Weltflucht eine kleine Landwirtschaft mit einer Kuh, einer Ziege und einem Schaf gegründet. Dann hatte er die fünfzehnjährige Wirtstochter Marie Eichenberger vom Gasthaus Sternen am gegenüberliegenden Aareufer geheiratet, und neun Monate später hatte Adolf Haggenmacher das Licht der Welt erblickt.

Adolf wuchs unter seltenen Obstbäumen und Reben heran, die der Vater eigenhändig gepflanzt hatte, und in Gesellschaft von Hunden, Katzen und Hühnern sowie seiner Schwester Marie, die fünf Jahre nach ihm zur Welt kam. Die junge

Mutter aber langweilte sich schrecklich in der insularen Abgeschiedenheit. Zwar baute der weltenmüde Ehemann eine Drahtseilfähre über die Aare, damit sie die Eltern im Sternen besuchen und Adolf ans Festland zur Schule schicken konnte; aber die Einsamkeit scheint schwer auf der Familie gelastet zu haben. Sogar der zwanzig Jahre ältere Ehemann gestand schon im zweiten Inseljahr, dass er ein «sehr ungeduldiger Einsiedler» geworden sei.

Kurz vor Adolf Haggenmachers fünftem Geburtstag starb am 16. April 1850 fernab in London im neunundachtzigsten Lebensjahr Marie Tussaud, geborene Grosholtz. In den letzten fünfzehn Jahren ihres irdischen Daseins war sie mit ihren Wachsfiguren nicht mehr durchs Land gezogen, sondern hatte an der Baker Street in London ein festes Museum unterhalten, in dem sie an jedem einzelnen Tag des Jahres von der Türöffnung bis zur Sperrstunde im Kassenhäuschen gesessen und von jedem Besucher freundlich, aber unerbittlich den Eintrittspreis kassiert hatte. Die letzte Wachsfigur, die sie eigenhändig schuf, vollendete sie 1842 mit einundachtzig Jahren; es war ein Selbstportrait. Es geht die Legende, dass nach Marie Tussauds Beerdigung die Trauergemeinde ins Museum an der Baker Street zog, wo am Eingang die Angehörigen ein heiliger Schrecken ereilte, weil im Kassenhäuschen das wächserne Abbild der Matriarchin saß, als wäre sie gar nicht tot, sondern würde für immer und ewig darüber wachen, dass jeder Besucher auch wirklich Eintritt bezahlt.

Besonders hart auf die Probe gestellt wurde das Einsiedlertum der Haggenmachers während der zahlreichen Hochwasser, die jeweils Haus und Hof mitzureißen drohten. Um die Neujahrstage 1851 stand die ganze Insel unter Wasser.

Der sechsjährige Adolf musste mit Mutter und Schwester in den Sternen fliehen, während der Vater mit dem Knecht zurückblieb und das Vieh in einen höher gelegenen Hausgang trieb. Die Mutter stand die ganze Nacht am Ufer und schaute hinüber zur Insel. Der Fährmann weigerte sich, sie über den reißenden Strom zu führen.

Vielleicht war es das feuchte Klima, das Adolfs Gesundheit zusetzte, oder der eisige Wind, der im Winter über den Fluss fegte; einmal brach Adolf im Eis ein. Im Alter von zehn Jahren zog er sich eine langwierige Lungenentzündung zu. Die Eltern brachten ihn in die berühmte Knabenerziehungsanstalt Johann Conrad Zellwegers nach Gais im Appenzellerland. Tatsächlich wurden dort Adolfs Lungen rasch gesund, und charakterlich entwickelte er unter Zellwegers Rohrstockpädagogik einen ausgeprägten Hang zu rebellischem Abenteurertum.

Zu Hause auf der Aareinsel hatte der Vater nach fünfzehn Einsiedlerjahren und unzähligen Überschwemmungen endlich ein Einsehen, holte den Erstgeborenen aus dem Appenzellischen heim und übersiedelte mit der Familie ins Nachbarstädtchen Aarau, kaufte ein gutbürgerliches Haus am Graben und versuchte vergeblich, ein stillgelegtes Eisenbergwerk zu reaktivieren. Währenddessen besuchte Adolf die örtliche Kantonsschule, an der übrigens fünfunddreißig Jahre später Albert Einstein die Grundlagen von Mathematik und Physik erlernen sollte. In Fleiß und Betragen erhielt er zwar die Noten «ziemlich gut», musste aber trotzdem die erste Klasse wiederholen. Als er auch im zweiten Anlauf nur «versuchsweise auf ¼ Jahr promoviert» wurde, brach er die Schule ab und trat – wohl auf Befehl des Vaters – eine Lehre im Glas- und Porzellanhaus Kiefer in Basel an, das unter dem Namen «Füglistaller» bis heute eines der berühmtesten und vornehmsten Haushaltwarengeschäfte der Schweiz ist. Der Lehrlingsalltag aber – das Zuspitzen von Federkeilen, das Nachfüllen der Löschsandfässer, die Schönschreiberei – war nicht nach seinem Geschmack, und die calvinistische Wohlanständigkeit des Basler Bürgertums behagte ihm auch nicht. So träumte er sich weg in die Ferne, nach Amerika, in den Orient oder die unerforschten Weiten Afrikas, wo er sein Glück machen und als gemachter Mann wieder heimkehren würde.

Zwei Jahre hielt Lehrling Haggenmacher in Basel aus und verkaufte tapfer Haushaltwaren. Aber kaum zwanzig Jahre alt und volljährig geworden, kündigte er seine Stellung und ließ die Familie wissen, dass er nach Ägypten auswandere. Der Vater protestierte, drohte und prophezeite ihm Tod und Verderben, aber Adolf blieb fest. «So gehe ich hin, ohne schon eine Stelle zu haben», schrieb er am 29. September 1865, «aber es gibt in Aegypten so vielerlei und allerlei, dass ich, wenn ich anfangs auch ohne Engagement bin, mir doch mein Brod zu erwerben hoffe. Ich werde viel zu entbehren, viel durchzumachen haben, und das eben reizt mich, und ich lerne dabei auch das Unangenehme von der angenehmen Seite aufzufassen. Muth und Ausdauer werden angefacht durch den physischen Zwang. Ich werde eine Schule durchmachen, reich an Erfahrungen aller Art, die mich in den Stand setzen, später etwas Tüchtiges zu leisten, so Gott will.»

Am 8. Oktober 1865 nahm Adolf in Aarau Abschied von den Eltern, reiste per Postkutsche und Eisenbahn nach Triest und dann mit dem Raddampfer Vulcan des Österreichischen

Lloyd in dreitägiger Fahrt nach Alexandria. In Ägypten angekommen, musste er feststellen, dass es da tatsächlich «vielerlei und allerlei», aber keine Arbeit für ihn gab; denn die Zehntausende von Deutschen, Franzosen, Briten und Italienern, die in den letzten Jahrzehnten am Nil ihr Glück gemacht hatten als Händler, Baumwollpflanzer oder Berater des Khediven, hatten keine Verwendung für einen Jüngling aus Brugg ohne Diplome oder auffällige Talente. Nachdem das Reisegeld aufgebraucht war, schlug er sich kümmerlich durch, indem er Klavierstunden gab und einen Gesangsverein gründete; nach einigen Monaten aber zwang ihn die Not, den Vater brieflich um ein Darlehen zu bitten – das dieser ihm verweigerte. So lieh er sich fünfundsiebzig Franken von einem Landsmann, der das Geld dann seinerseits durch seine Schwester bei den Haggenmachers in Aarau eintreiben ließ, weshalb Adolfs Mutter auf Umwegen erfahren musste, dass ihr Ältester «in den allermiserabelsten Verhältnissen sei (…). Zu Tode weinen könnte ich mich um dieses Kind», schrieb sie am 7. Oktober 1866, genau ein Jahr nach Adolfs Abreise, «zu wissen, er ist in der größten Noth in einem Lande, dessen Sprache er kaum kennt, wo Hitze, Krankheiten und Clima verderblich sind, und ich kann ihm nicht helfen. Ich werde wie Hiob geprüft. (…) Meine Augen schmerzen vom vielen Weinen.»

Die Augen der Mutter hätten noch viel mehr geschmerzt, wenn sie gewusst hätte, dass Adolf sich zu jenem Zeitpunkt bereits nicht mehr in Alexandria aufhielt, sondern unterwegs war in den Süden Ägyptens, nach Nubien und dem Sudan, wo er mit Elfenbein, Gold, Gummi und Straußenfedern Geschäfte zu machen hoffte. Zehn Wochen lang segelte er bequem auf dem Nil südwärts ins Innere des dunklen Erdteils, ab Dongola dann zu Fuß zwei Wochen in entsetzlicher Hitze und Trockenheit durch die Nubische Wüste mit einer Karawane, die unterwegs die Hälfte ihrer Kamele verlor. Es muss Ende 1866 oder Anfang 1867 gewesen sein, als er in Khartum eintraf, das wenige Jahre zuvor noch ein verschlafenes sudanesisches Fischerdorf am Zusammenfluss des Weißen und des Blauen Nil gewesen war; seit aber ägyptisch-türkische Truppen den Sudan besetzt hielten, war der Ort zu einem Meer von einstöckigen Lehmbauten und einem Gewimmel staubiger Straßen ohne Kanalisation und Abfallbeseitigung angewachsen, in dem fünfzigtausend Menschen ein Auskommen suchten; entlaufene Sklaven aus Abessinien und arabische Sklavenhändler, griechische Geldverleiher und französische Kaufleute, österreichische Missionare und deutsche Konsule, neapolitanische Messerschmiede und venezianische Zuckerbäcker – alle waren in der Hoffnung auf raschen Reichtum hergekommen. Manche überlebten das mörderische Klima, wurden tatsächlich reich und fuhren heim, um die Früchte ihrer Entbehrungen im milden Europa zu genießen. Die meisten aber starben nach wenigen Wochen oder Monaten. Manche stürzten vom Pferd oder wurden totgeschlagen wegen des Kleingelds, das in ihren Taschen klimperte; andere verendeten schweißgebadet in einer wanzenverseuchten Lehmhütte an Cholera, Pest, Malaria, Diphtherie, Gelbfieber oder einfach an der Hitze, und zwar meist allein, ohne Trost und ohne den Beistand eines Arztes, Freundes oder Priesters.

Auch Adolf Haggenmacher war allein, schwerkrank und erschöpft, als er in Khartum eintraf, und mit Sicherheit waren die fünfundsiebzig Franken längst aufgebraucht; unter anderem litt er an der «Nilkrätze von der großen Hitze», dass es ihn juckte, «wie wenn ich von 1000 Nadeln gestochen wäre». Zu seinem Glück nahm ihn der deutsche Vizekonsul Duisberg auf und ließ ihn pflegen. Wieder genesen, machte er die Bekanntschaft des venezianischen Abenteurers Carlo Teofilo Contarini, der seit vielen Jahren in Khartum in einem weitläufigen Lehmhaus lebte, mehrere Schiffe auf dem Nil besaß und allerlei Geschäfte tätigte. Contarini betitelte sich als Capitano und behauptete, in direkter Linie von den venezianischen Dogen gleichen Namens abzustammen, war aber als schlichter Dolmetscher eines belgischen Diplomaten ins Land gekommen. Auf dem Sklavenmarkt hatte er sudanesische und abessinische Mädchen gekauft und einige auch geheiratet; diese hatten ihm ziemlich viele Kinder geschenkt, welche sich zum Teil schon im heiratsfähigen Alter befanden. Eines von ihnen hieß Maria – ein hochgewachsenes Mädchen von siebzehn Jahren, feingliederig und mit sanftem Blick, das ausgezeichnet Arabisch, Italienisch und Französisch sprach. Adolf heiratete sie am 1. September 1867. Die Liebe muss groß gewesen sein. Im folgenden Jahr kam Sohn Eduard zur Welt.

Zu Hause in Aarau stieß die Nachricht von der Vermählung auf ein zwiespältiges Echo. Adolfs schlichte und gottesfürchtige Mutter konnte sich kaum damit abfinden, dass ihr Erstgeborener eine «Halbnegerin» geheiratet hatte; der weit gereiste Vater hingegen fand, «es sei besser gesorgt für ihn; das sei nicht so schrecklich».

Adolf lernte rasch Arabisch und unternahm mit Missionaren einige Reisen ins Umland, wurde aber im Sudan nie richtig froh; erstens blieb der geschäftliche Erfolg aus,

zweitens litt er ununterbrochen an Fieber und Verdauungs-
beschwerden. «Von allem entblößt, und da zugleich große
Trockenheit, Viehseuche, Hungersnot und Teuerung den
ägyptischen Sudan heimsuchten, beschloss er, mit seiner
Familie in die Heimat, nach der Schweiz zurückzukehren»,
schreibt sein Biograph Johann Keller-Zschokke. Das mag so
gewesen sein; aus einem Brief seiner Mutter geht allerdings
hervor, dass Haggenmacher nach Indien übersetzen wollte,
um dort sein Glück zu versuchen. Der Vater wiederum riet
ihm, in die ägyptischen Provinzen am Roten Meer zu fahren
und sich dort einem Schweizer namens Werner Munzinger
anzuschließen, der als Afrikaforscher zu einiger Berühmtheit
gelangt war. Adolf rüstete eine kleine Karawane von drei
Kamelen aus und machte sich auf den Weg. Dass er seine
Frau samt dem kleinen Eduard mitnahm, der schon bald
einen Bruder namens Fritz bekommen sollte, war ein durchaus unüblicher Akt des Muts und der Liebe; von den vielen tausend europäischen Männern, die im 19. Jahrhundert
den Sudan kolonisiert hatten, brachte nur eine Handvoll die
Courage auf, ihre dunkelhäutigen Frauen und deren Kinder
mit nach Europa zu nehmen.

Ob Adolfs Reiseziel nun Europa, Indien oder das Rote
Meer war: Für einmal schien es, dass er in Khartum zwar nicht
am richtigen Ort, aber immerhin zur richtigen Zeit war, denn
in jenen Tagen war mit nie gesehenem Pomp der Suezkanal
eröffnet worden, im Beisein von viertausend gekrönten oder
sonstwie bedeutsamen Häuptern Europas, unter ihnen übrigens Marie Tussauds Sohn Francis, der angereist war, um für
das Wachsfigurenkabinett das eine oder andere Exponat anzufertigen. Das bedeutete, dass der Seeweg von Europa nach

Indien nicht mehr um ganz Afrika, sondern durchs Rote Meer führte – sozusagen an Haggenmachers Haustür vorbei, keine siebenhundert Kilometer von Khartum entfernt.

Vermutlich traf Adolfs Karawane Anfang 1870 am Roten Meer und einige Wochen später in Suez ein, wo sich sein Weg schicksalhaft mit jenem des bereits erwähnten Werner Munzinger kreuzte. Munzinger war ein Mann, der auf Adolf großen Eindruck machen musste: Dreizehn Jahre vor ihm in Olten an der Aare geboren, nur dreißig Kilometer von Haggenmachers Geburtsinsel flussaufwärts, als Sohn Josef Munzingers, des Schweizer Finanzministers von 1848, war er ausgezogen mit dem hehren Gedanken, die Ideale des Freisinns in den dunklen Erdteil zu exportieren und die Sklaverei abzuschaffen. Er war verheiratet mit einer Abessinierin namens Oulette-Mariam und besaß ein Haus am Roten Meer und eines im abessinischen Hochland, führte ein leidlich erfolgreiches Handelsgeschäft und amtete als Vizekonsul Frankreichs; nebenher verfasste er völkerkundliche und geographische Schriften, die bei Brockhaus und Petermann's erschienen. «Was wollen Sie in dem alten Europa tun?», soll er im Hafen von Suez zu Adolf gesagt haben. «Kommen Sie mit mir, ich habe Arbeit genug für Sie.»

Haggenmacher machte auf dem Absatz kehrt und folgte von jenem Tag an Werner Munzinger wie ein kleiner Bruder. Er fuhr mit ihm übers Rote Meer nach Massaua, der heißesten Stadt der Welt, und ging ihm in dessen Handelskontor zur Hand. Er begleitete Werner Munzinger auf Handelsreisen und diplomatischen Missionen ins Hochland Abessiniens. Im Juli 1871 wurde Munzinger vom ägyptischen König zum Gouverneur von Massaua ernannt; im folgenden April erhielt Adolf eine offizielle Anstellung als dessen Assistent mit einem Monatsgehalt von vierzig Talern.

Seine erste Aufgabe war es, für die Weltausstellung 1873 in Wien ein Schaubild über die Lebensweise der Menschen am Roten Meer zusammenzustellen. Er sammelte Haushaltsgeräte, Schmuck und Waffen und stellte eine Truppe von vierzehn Eingeborenen der verschiedensten Stämme zusammen, welche die Schau beleben sollten; mit ihnen fuhr er nach Wien, wo er das Ritterkreuz des Kaiser-Franz-Joseph-Ordens erhielt. Bevor Adolf im August 1873 nach Ägypten zurückkehrte, besuchte er die Eltern und die Schwester für ein paar Tage in Aarau. Es sollte ihre letzte Begegnung sein.

Kaum nach Kairo zurückgekehrt, erhielt er den Auftrag, das wilde Somaliland am Horn von Afrika auszukundschaften, das erst wenige Europäer betreten und noch kaum einer lebend wieder verlassen hatte. «Gelingt dies Unternehmen, d. h., komme ich mit dem Leben davon, so ist dann lebenslänglich für meine Zukunft gesorgt», schrieb er den Eltern am 20. Oktober 1873. «Diese Expedition (…) hat auch einen politischen Zweck; ich möchte deshalb bitten, nichts hiervon verlauten zu lassen (…), wenn's bekannt würde, könnte es meine Stellung kosten.»

Haggenmachers Geheimnis war, dass er in Somalia als Spion des Khediven eine militärische Invasion Ägyptens vorbereiten sollte. Mit dem Postdampfer durchquerte er das Rote Meer und fuhr hinaus in den Golf von Aden, das Tor zum Indischen Ozean. An Weihnachten 1873 ging er in Berbera an Land, wo er zwei Monate blieb und so richtig das Fürchten lernte. «Links und rechts Geschrei, Streit, Hader, das ist mir ein neues Leben (…) Man schimpft mich Christenhund, Kaffer etc., und die Leute haben sich verschworen, mich auf der Reise zu zwingen, Mohammedaner zu werden. Ich bin neugierig, ob sie das tun werden.»

Niemand in Berbera gab Adolf die geringste Hoffnung, dass er jemals aus dem Landesinnern zurückkehren werde. Trotzdem brach er am 11. März 1874 auf in die weite, trockene und baumlose Ebene vor dem Küstengebirge, begleitet von dreißig eingeborenen Dienern und fünfzehn Kamelen, die mit Proviant, Tüchern, Glasperlen, Tabak und anderen Tauschartikeln beladen waren. Adolf hatte Todesangst. «Was mich aber zwang, meinen Plan durchzuführen, war die Furcht vor dem Spott», schrieb er den Eltern. «Ich schämte mich, Angst zu zeigen, dachte aber nie daran, je wieder nach Massaua zurückkehren zu können.»

Die Reise war ein Desaster. Vom ersten Tag an wurde die Karawane auf Schritt und Tritt und zu jeder Tages- und Nachtzeit von bedrohlich geschmückten Kriegern heimgesucht, die ihre Waffen präsentierten und nachdrücklich großzügige Geschenke forderten als Gegenleistung dafür, dass sie Haggenmacher nicht auf der Stelle totschlugen, wie es die Landessitte eigentlich verlangte. Dann wieder geriet Adolf zwischen die Fronten rivalisierender Volksstämme, oder bettelndes Lumpenvolk stahl ihm den halbgaren Reis samt Topf von der Feuerstelle; darüber hinaus musste er es sich immer wieder gefallen lassen, dass Somalifrauen in sein Zelt «eintraten, mich an Kopf, Händen und Füßen betasteten und sich wunderten, dass meine zwar schon etwas bronzirte Haut so weiß sei. (...) Mehrere Frauen (...) amüsierten sich damit, schlechte Witze über meine Person zu machen. Was den Damen entschieden missfiel, das waren meine grünen Augen».

Seine Diener bekamen es einer nach dem anderen mit der Angst zu tun und liefen davon, zuletzt waren nur noch vier bei ihm. Eines Abends setzten sich drei Somalihäuptlinge an sein Lagerfeuer und führten «einen langen spöttischen Diskurs über ausländisches Regierungs- und Militärwesen. Sie hatten etwas vom Deutsch-Französischen Kriege tönen gehört und fragten, was denn Verdammliches an den Kriegs- und Raubzügen ihrer Nation sei; während in Europa Hunderttausende dahinstürben, belaufe sich im Somali-Lande der Verlust nach einer großen Schlacht auf höchstens zweihundert Tote und die Kriegsbeute sich auf höchstens zwanzigtausend Stück Vieh, während man in den Ländern der Civilisation nicht mit Millionen von Thalern sich begnüge.»

Nach drei Wochen Diebstahl, Raub und Bettelei waren Haggenmachers Vorräte «auf ein ganz unansehnliches Quantum heruntergeschmolzen», was ihn zur Umkehr zwang. Er schlachtete seine letzten Kamele, um sich mit deren Fleisch freies Geleit nach Berbera zu erkaufen, und traf dort zum allgemeinen Erstaunen nach vierzigtägiger Abwesenheit heil und gesund wieder ein.

Nach Massaua zurückgekehrt, schrieb Haggenmacher für *Petermann's Geographische Mitteilungen* einen Bericht über das Somaliland und dessen Bewohner, deren Ackerbau und Viehzucht sowie Gewerbe und Handel, und dazu zeichnete er eine Karte des von ihm bereisten Gebiets. Über militärische Belange verlor er kein Wort; diese rapportierte er Seiner königlichen Hoheit persönlich in einem gesonderten, fünfzigseitigen Bericht in französischer Sprache.

Der Vizekönig muss Haggenmacher dahingehend verstanden haben, dass eine militärische Eroberung Somalias leicht zu bewerkstelligen sein müsse. Jedenfalls erteilte er ihm und Munzinger den Auftrag, eine solche in die Wege zu leiten. «Ich werde sehr wahrscheinlich eine große Expedition unternehmen müssen ins Gallaland», schrieb Adolf. «Es darf nichts bekannt sein, bis ich resp. Ägypten Besitzer von Harrar ist. Ich habe die nötigen Truppen verlangt. Ich brauche nicht viel, mit den Remingtongewehren lässt sich viel ausrichten, zum Überfluss vielleicht noch zwei kleine Bergkanonen. Ich arbeite nun seit einigen Monaten an diesem Projekte, und wird es zustande kommen, so werde ich Seine Hoheit um Urlaub bitten, um (...) der Heimat einen Besuch zu machen.»

Am 1. Oktober 1875 brachen Werner Munzinger und Adolf Haggenmacher erneut ans Horn von Afrika auf, diesmal mit einem eigenen Dampfschiff, dreihundertfünfzig Sudansoldaten und zwei Kanonen. Am 5. Oktober ging die Truppe in Tadjura unweit von Berbera an Land, und drei Wochen später brach sie mit fünfundvierzig Kamelen und Proviant für zehn Tage auf. Der Marsch ging über vulkanisches Geröll, dann durch einen Salzsee. In der Nacht vom 14. auf den 15. November wurden sie von Somalikriegern überfallen. Werner Munzinger und seine Frau Oulette-Mariam, die ihn auf dem Feldzug begleitet hatte, starben auf dem Schlachtfeld. Adolf Haggenmacher, der seine Gattin hochschwanger in Kairo zurückgelassen hatte, konnte sich durchschlagen und floh mit einigen Soldaten in Richtung Küste. Er starb, von den Feinden vier Tage lang verfolgt, an Hunger, Durst und Erschöpfung am Ufer des Assalsees.

Drei Wochen später, am 6. Dezember 1875, gebar Adolfs Frau in Kairo einen gesunden Knaben, den sie Konrad taufte. Nachdem dessen Brüder Fritz und Eduard gestorben waren,

holten die Haggenmachers den Buben nach dessen achten Geburtstag in die Schweiz, wo er sich aber nie zurechtfand. Im Sommer 1892 statteten sie den inzwischen siebzehnjährigen «Schwarzen Konrad» mit Kleidern, Schuhen und einem Revolver samt Munition sowie den besten Wünschen aus und ließen ihn ans Horn von Afrika reisen, wo er in Dschibuti unweit des Assalsees, an dem sein Vater gestorben war, eine Stelle bei einer französischen Handelsgesellschaft antrat. In der Folge lebte er mal als Schreiber für die Usambara-Eisenbahn in Deutsch-Ostafrika, dann als Dolmetscher auf dem deutschen Handelsschiff Teutonia, mit dem er aber in einem Sturm vor der Arabischen Halbinsel Schiffbruch erlitt und sich schwimmend auf eine Insel retten konnte. Seine Spur verliert sich 1909, als er in Khartum als Monteur beim Bau der ersten Eisenbahnbrücke über den Blauen Nil arbeitete.

9 Eduard Spelterini

Das größte Geheimnis in Eduard Spelterinis Leben war, dass er, der von London bis Moskau und von Kopenhagen bis Kapstadt berühmt wurde als König der Lüfte und Bezwinger der Schwerkraft, der mit Fürsten, Generälen und den größten Wissenschaftlern seiner Zeit auf vertrautem Fuß stand und in den mondänsten Hotels von Paris, Wien, Konstantinopel und Kairo ein und aus ging – dass er seiner Herkunft nach gar kein Weltbürger war, sondern am 2. Juni 1852 in einem weltabgeschiedenen Bauerndorf namens Bazenheid im schweizerischen Toggenburg zur Welt gekommen war. Auch hieß er mit bürgerlichem Namen nicht Spelterini, sondern war der leibliche Sohn des Schankwirts und Bierbrauers Sigmund Schweizer und dessen Ehefrau Maria Madgalena, geborene Sütterli. Bis an sein Lebensende hat er das keinem Menschen verraten. Weshalb, weiß man nicht.

Der Himmel steht hoch und die Täler sind weit im Toggenburg, und der Blick geht frei und ungehindert bis zum Horizont, wo sich stolz der Säntis und die Churfirsten türmen. Aber als Ballonfahrer und Himmelsstürmer wird hier keiner geboren. Seit tausend Jahren arbeiten die Toggenburger hart als Bauern auf kleinen, weit auseinander liegenden Höfen, und zu Spelterinis Zeit verdienten sie sich abends in ihrer Stube ein Zubrot, indem sie im Schein der Öllampen Webstühle betrieben und Stickereien anfertigten. Entlang der Flussläufe hatten sich einige Textilfabriken angesiedelt. In den Dörfern des Talbodens waren Schmiede, Schneider, Wagner und Hafner ansässig, die ganz im Dienst der bäuerlichen Kundschaft standen. Einmal im Monat fand ein Markt in Bazenheid statt. Dann stiegen die Bauern von ihren Höfen herunter, um Geschäfte zu machen, und wenn alles erledigt war, kehrten sie für eine Stunde im Gasthof Krone ein oder im Neuhaus, der danebenliegenden Bierstube, die seit Anfang des 19. Jahrhunderts von einer Familie namens Schweizer betrieben wurde.

Sicher ist, dass der kleine Eduard hier, zwischen Bierbottichen, Wirtshausbänken und Bauernbeinen, die ersten Jahre seiner Kindheit verbrachte und dass er, nachdem sein zwei Jahre älterer Bruder Gustav und die ein Jahr ältere Schwester Lidia früh gestorben waren, als Einzelkind heranwuchs. Ob er aber auch in Bazenheid zur Schule ging, ist ungewiss. Will man seinen wenigen Biographen glauben, die sich fast alle vertrauensvoll aufeinander berufen, verschwand Eduard schon als Achtjähriger aus dem Toggenburg. Um das Jahr 1860 soll es gewesen sein, dass sein Vater, von Sehnsucht nach dem Süden gepackt, Bierstube und Brauerei verkaufte und ein Heimwesen in der Nähe von Como erstand, von wo aus Eduard fortan nach Lugano zur Schule ging, Italienisch lernte und bald auch entdeckt haben soll, dass er über eine sehr schöne Stimme verfügte, die sich bestens zum Singen italienischer Opern und Operetten eignete. Mit welchem Verkehrsmittel der Achtjährige zweimal täglich den dreißig Kilometer langen Schulweg zwischen Como und Lugano zurückgelegt haben könnte – zumal vier Jahre vor Eröffnung der Eisenbahn –, ist unbekannt.

Beweisen oder widerlegen lässt sich die schöne Geschichte von der Auswanderung in den Süden nicht. In Bazenheid reichen die weltlichen und kirchlichen Archive nicht weit genug in die Vergangenheit, und in Lugano wurde, soweit bekannt, niemals ein Schüler mit Eduards Namen verzeichnet. Entscheidet man sich aber dafür, dieser Geschichte zu folgen, so zog Eduard kurz nach dem achtzehnten Geburtstag, mittlerweile erwachsen und sozusagen zum Italiener herangereift, nach Mailand und dann weiter nach Paris, um sich am Konservatorium zum Opernsänger ausbilden zu lassen. Dort aber erkrankte er an Tuberkulose, fuhr zur Kur nach Südfrankreich und erhielt in Marseille zufällig Gelegenheit für eine erste Ballonfahrt, als ihm ein ängstlicher Passagier in letzter Minute den Platz in der Gondel überließ.

Das kann alles so gewesen sein – auch wenn am Konservatorium von Paris zur fraglichen Zeit weder ein Student namens Spelterini noch ein solcher namens Schweizer eingeschrieben war.

Vielleicht war's aber auch ganz anders.

Vielleicht war es so, wie Oberst Ernst Theodor Santschi, ein anderer Pionier der Ballonfahrt und viele Jahre Kommandant der schweizerischen Luftschifftruppen, der Eduard persönlich gekannt hat, Mitte des letzten Jahrhunderts behauptete: dass dessen Vater Sigmund mit seiner Familie weder 1860 noch später aus dem Toggenburg fortzog und der junge Eduard erst mit achtzehn Jahren das Elternhaus in Bazenheid verließ, und zwar Hals über Kopf von einem Tag auf den anderen, vielleicht wegen einer unglücklichen

Liebesgeschichte oder im Streit mit dem Vater, um in Hamburg eine kaufmännische Lehre zu beginnen.

Wie auch immer. Auf alle Fälle muss Eduard irgendwann Mitte der 1870er-Jahre erstmals in den Korb eines Fesselballons gestiegen sein. Und in dem Augenblick, da er zum ersten Mal in seinem Leben die Schwerkraft überwand, dem Himmel entgegenschwebte und sich endgültig von der bäuerlichen Scholle löste, die ihn und seine Vorfahren seit Anbeginn der Zeit festgehalten hatte, muss er beschlossen haben, nie wieder ins Toggenburg zurückzukehren, den Namen seiner Väter genauso abzulegen wie das Andenken an seine Herkunft, sich fortan Spelterini zu nennen und fernab aller Erdenschwere ein freies, ungebundenes Leben über entlegenen Ländern und den schönsten Städten dieser Welt zu führen.

Weshalb Eduard ausgerechnet auf den Namen Spelterini verfiel, weiß man nicht. Der Name klingt ausgesprochen italienisch, ist es aber nicht. In den Telefonbüchern und Namenregistern Italiens taucht er nirgendwo auf, und auch zu Spelterinis Zeit gab es, soweit bekannt, außer ihm weltweit nur eine einzige Person, die diesen Phantasienamen trug: die geheimnisvolle Seiltänzerin Maria Spelterini, von der nur überliefert ist, dass sie aus dem Nichts in New York auftauchte und im Juli 1876, während der Hundertjahrfeiern der Vereinigten Staaten von Amerika, internationales Aufsehen erregte. Sie hatte dreiundzwanzigjährig als erste Frau die Niagarafälle auf dem Hochseil überquert, und zwar mit einer italienischen Tracht am Leib sowie, zwecks Steigerung der Gefahr, mal mit verbundenen Augen, gefesselten Händen oder mit zwei Pfirsichkörben an den Füßen. Da Eduard genau zu jener Zeit erstmals als Spelterini in Erscheinung trat, ist es recht wahrscheinlich, dass er in der Zeitung von ihr las und seinen neuen Namen in Anlehnung an die wagemutige Seiltänzerin wählte.

Von da an war Spelterini überall und nirgendwo zu Hause. Wie ein Komet tauchte er – für kurze Zeit nur – aus fernen Landen auf, um ebenso schnell und lautlos wieder zu verschwinden. Niemand wusste, woher er kam, wohin er ging, wovon er seinen Lebensunterhalt bestritt, ob er Junggeselle, verheiratet oder Witwer war. Wenn er in den schönen Hotels der Welthauptstädte abstieg, war er, zumindest offiziell, immer allein und ohne Begleitung. Einigermaßen gesichert ist, dass sich Eduard Schweizer-Spelterini ab Mitte der siebziger Jahre oft in Paris aufhielt. 1877 ernannte ihn die Académie d'Aérostation de France zum Luftschiffer. Ein Jahr später gelang ihm auf ein Preisausschreiben des *Petit Journal* hin ein Zielflug, der ihn vom noblen Pariser Vorort Neuilly über die Seine zum nahen Bois de Boulogne führte.

Paris war die unbestrittene Welthauptstadt der Ballonfahrt, seit im November 1783 König Ludwig XVI. nach einigem Zögern die Erlaubnis erteilt hatte, dass erstmals seit Bestehen der Welt ein Mensch sich in die Lüfte und somit auch über das gekrönte Haupt des Bourbonenkönigs erhob. Schon zwei Jahre später überquerte ein bemannter Ballon den Ärmelkanal, weitere acht Jahre später wurde Ludwig XVI. guillotiniert und Napoleon Bonaparte, der Paulis Vorladergewehre verschmäht hatte, beschaffte für seine Grande Armée eine ganze Staffel von Fesselballons. Zwar erlitten Napoleons Truppen trotzdem vernichtende Niederlagen und kehrten die Bourbonen nach dem Wiener Kongress für ein paar Jahre an die Macht zurück, aber das Bürgertum, das nun den frischen Wind einer neuen Epoche in der Nase hatte, wollte von seiner Begeisterung für die Luftschifffahrt nicht mehr lassen.

Männer wie Pauli, der mit seinem Fliegenden Delphin den uralten Traum vom Fliegen wahr machte, waren in den Salons der guten Pariser Gesellschaft die begehrtesten Gäste, und unter den jungen Damen aus gutem Haus galt es als äußerst verwegen und schick, sich für viel Geld einen Platz im Korb eines Ballons zu sichern. Der Luftballon war im 19. Jahrhundert ein Sinnbild für das Selbstbewusstsein des erstarkten Bürgertums, das sich von den Fesseln der feudalen Vergangenheit gelöst hatte und nun frei und ungebunden seinen sozialen Aufstieg genoss. Für Stunden, manchmal sogar Tage verschafften Heißlüfter und Fesselballons ihren Passagieren die Illusion, sich vom Zwang der Schwerkraft befreit zu haben und sich nach eigenem Gutdünken durch den Raum zu bewegen. Eines aber blieb stets klar: das köstliche Gefühl der Freiheit war nur in der vertikalen Achse zu haben – in der Horizontalen bestimmte weiterhin der Wind, wohin die Reise ging, solange keine leichten, flugfähigen Antriebsmaschinen zur Verfügung standen.

Zwar blieb so nur die Vertikale als Manövrierachse, aber die konnte sich durchaus horizontal auswirken – denn manchmal bläst der Wind in Bodennähe aus Westen, tausend Meter weiter oben hingegen aus Süden und noch einmal tausend Meter höher vielleicht aus Nordosten. Spelterini scheint schon nach wenigen Flügen einen bemerkenswerten Instinkt dafür entwickelt zu haben, auf welcher Höhe der Wind aus welcher Richtung blasen könnte. Bald nahm er in gemieteten

Ballons zahlende Fahrgäste mit. 1887 ließ er sich vom Atelier Surcouf in Paris nach seinen Anweisungen einen eigenen Ballon herstellen. Dieser bestand aus sonnengelber, leinölgetränkter Seide, fasste tausendfünfhundert Kubikmeter Wasserstoff und soll vierzehntausend Francs gekostet haben. Die Hülle war aus lauter einen halben Quadratmeter großen Quadraten und Rauten zusammengenäht; damit war sichergestellt, dass ein Riss im Ballonstoff sich nicht weiter als bis zur nächsten Naht ausdehnen würde. Über den gesamten Ballon war ein Netz aus starken Hanfseilen gespannt, das den Druck gleichmäßig über die Hülle verteilte; es lief an der Unterseite in einem Holzring zusammen und endete in acht Seilen, an denen der Weidenkorb hing. Spelterini taufte sein Luftschiff, der Muse der Sternkunde zu Ehren, auf den Namen «Urania».

Wenn Spelterini in die Luft ging, war das ein Spektakel, dem Tausende von Schaulustigen beiwohnten. Schon Stunden vor dem Aufstieg fanden sich die zahlenden Zuschauer auf dem Startplatz ein, um eine möglichst gute Sicht zu haben, und kurz vor dem Aufstieg gab es ein Platzkonzert. Spelterini war ein großer und stattlicher Mann mit einem schönen Kopf, schwarz gelocktem Haar, stahlgrauen Augen und einem kräftigen Schnurrbart. An den Fingern trug er schwere, orientalisch glitzernde Ringe. Er war ein charmanter Plauderer und hatte die Manieren eines viktorianischen Gentlemans, was den Damen sehr gefiel. Während der letzten Vorbereitungen zum Flug jedoch, von deren gewissenhafter Ausführung sein Leben und das seiner Passagiere abhing, konnte er laut und energisch werden. Wenn schließlich die Ballonhülle gefüllt war und die Fahrgäste startbereit im anderthalb Quadratmeter engen Weidenkorb standen, stieg der Kapitän auf den Korbrand und hielt sich mit einer Hand an einem Seil fest, schwang mit der anderen seine weiße Mütze und rief «Attention – lâchez tout!», worauf der Ballon sanft, leicht und geräuschlos gen Himmel schwebte. Hatte das Luftschiff seine Reisehöhe von fünfhundert, tausend oder viertausend Metern erreicht, intonierte er zum Vergnügen der Fahrgäste mit schönem Bariton die Arie des Toreros Escamillo aus Bizets Oper *Carmen*. Anschließend holte er die erste Flasche Champagner aus dem Eiskasten und öffnete den Picknickkorb, der stets gut gefüllt war mit erlesenen Leckereien. Im weiteren Verlauf der Reise konnten die Passagiere die atemberaubende Schönheit der Welt aus der Vogelschau betrachten und dabei interessante Beobachtungen machen: zum Beispiel die, dass das Blau des Himmels, je höher man steigt, mehr und mehr dem tiefen Schwarz des Kosmos weicht; oder dass vom Ballon aus die Erde keineswegs eine Kugel zu sein scheint, sondern eher eine Art Teller mit erhöhtem Rand, da man nur die weit entfernt liegenden Berge in Seitenansicht sieht, nicht aber die direkt unter dem Ballon liegenden; oder dass ein Ballon keineswegs ruhig schwebt, sondern immerzu aufsteigt oder niedersinkt und dabei mitunter Geräusche macht wie ein bellender Hund; oder dass das Luftschiff zuweilen rascher sinkt als der Ballast, den man kurz zuvor abgeworfen hat, so dass einem der Sand wie bei einem Wüstensturm von unten her ins Gesicht fliegt, um gleich darauf, wenn der Ballon seinen Fall verlangsamt hat, wiederum sanft von oben herabzurieseln. Vor allem aber gaben sich die Luftfahrer einer staunenden Bewunderung hin, von der die am Boden Zurückgebliebenen nichts ahnen konnten. Schweigend genossen sie, wie schön das Gewebe von Wäldern und Wiesen, Feldern und Wasser, Berg und Tal, Fels und Schnee war, wie freundschaftlich die weißen Fäden der Straßen die Häuser der Menschen miteinander verbanden und wie lieblich Dörfer, Städte und ganze Länder nebeneinander lagen, als wäre in ihnen eine Sünde unmöglich. Weil der Ballon sich stets widerstandslos dem Wind hingab, entstand keinerlei Fahrtwind, und wenn auch das Luftschiff mit der Geschwindigkeit eines Schnellzugs über den Boden schwebte, so schien es doch in der Luft stillzustehen; und weil auf drei- oder viertausend Metern Höhe nichts mehr vom Weltenlärm zu hören war, herrschte dort oben eine ewig-eisige Stille, dass man reihum die Taschenuhren in den Vestons der Herren ticken hören konnte. Auch die Passagiere waren still; meist brachten sie nichts über die Lippen als beständige Ausrufe der Bewunderung und des Entzückens. Zuweilen geschah es, dass gestandene Männer der Wissenschaft in einen Glücksrausch, ein Gefühl unaussprechlicher Seligkeit verfielen. Manche lachten, andere weinten, und allen vergingen die Stunden des Flugs wie Minuten.

Nunmehr sein eigener Herr und Meister, hielt es Spelterini nicht länger in Paris. Schon am 5. September 1887 stieg die «Urania» in Wien auf. Als zahlender Passagier mit dabei war kein Geringerer als Graf Gustav Sigmund Kalnocky von Köröspatak, der immerhin schon fünfundfünfzigjährige Außenminister Seiner kaiserlichen Majestät, Franz Joseph von Habsburg. Die gesamte vornehme Welt Wiens war an jenem Morgen in ihren Equipagen und Fiakern zum Prater hinausgefahren, um dabei zu sein, als der Graf unter hundertstimmigen Hurrarufen zwischen den Bäumen in die Luft stieg. Es wurde, wie der adlige Passagier später berichtete, eine ziemlich stürmische Fahrt. Kurz nach dem Start geriet der Ballon in ein Gewitter, das ihn auf den Neusiedler See hinunterdrückte, und die Aeronauten mussten nebst sämtlichen Sandsäcken auch Bordeaux, Bier, Roastbeef und Semmeln über Bord werfen, um wieder genügend Auftrieb zu bekommen und nicht ins Wasser zu fallen. Die Fahrt endete irgendwo in Ungarn, wo der Korb zwischen Pferden, Kühen und Schweinen endlos über die Puszta holperte, bis der Ballon sich in einem Baum verhedderte und das Gefährt mit einem letzten Ruck zum Stehen kam. Kapitän und Passagier blieben unverletzt. Graf Kalnocky sollte noch viele Jahre in Amt und Würden bleiben und zu Spelterinis treuesten Gönnern zählen; und der Kapitän zog weiter, neuen Abenteuern entgegen.

Ein Jahr später, als er im englischen Leicester aufstieg, hatte er einen Journalisten der *Midland Free Press* dabei; von da an legte er großen Wert darauf, mit den Zeitungsleuten auf gutem Fuß zu stehen, was ihm zeitlebens zum Vorteil gereichen sollte. Zusätzliche Publicity verschaffte ihm die Zusammenarbeit mit der amerikanischen Trapezkünstlerin Leona Dare, die ihre größten Erfolge einige Jahre zuvor in den Pariser Folies Bergères gefeiert hatte. Spelterinis und Leona Dares gemeinsame Auftritte – die der Kapitän in späteren Jahren schamhaft verschweigen sollte – bestanden darin, dass sie sich leicht bekleidet mit den Zähnen an einem Seil unter der Gondel festhielt und akrobatische Kunststücke vollführte, während er den Ballon in schwindelerregende Höhe steigen ließ. Im Juni und Juli 1888 gastierten sie in London und zeigten ihr einstündiges Spektakel an fünf

Samstagen in Folge jeweils ab fünf Uhr nachmittags im Hyde Park – an jenem Ort also, an dem siebzig Jahre zuvor Samuel Pauli seinen Fliegenden Delphin gebaut hatte. Dann setzten sie auf den Kontinent über und zogen ostwärts bis nach Moskau, wo Spelterinis Ballon mit der frei unter ihm schwebenden Artistin am 24. Juli 1889 pünktlich um 20.45 Uhr vom Garten der Eremitage aus in den Abendhimmel stieg, sachte über die alte Zarenstadt zog und im Westen verschwand; geplant war, dass man nach einer Stunde landen und zurückkehren würde, aber nichts dergleichen geschah. Erst gegen Morgen wurde ruchbar, dass der Kapitän einen ersten Landungsversuch am Stadtrand von Moskau hatte abbrechen müssen, weil der Ballon von Betrunkenen angegriffen wurde. Auch als die Landung ein paar Kilometer weiter in einem Dorf namens Karacharovo schließlich gelang, mussten zwanzig Polizisten die Aeronauten gegen anstürmende Dörfler verteidigen. Der Ballon wurde arg in Mitleidenschaft gezogen, und darüber hinaus stahl bei dieser Gelegenheit jemand Leonas Garderobe, die aus allerlei bunten Strümpfen, paillettenbesetzten kurzen Röcken sowie bunten Blusen bestand.

Nach der Russlandtournee trennten sich Leonas und Eduards Wege. Im November desselben Jahres tauchte der Kapitän allein in Bukarest auf, dann in Saloniki und Athen. Ende Februar 1890 traf er in Kairo ein, und am 4. März schwebte die «Urania» über die Pyramiden von Giseh, die Kalifengräber und die Moschee El Aschraf, um bei Ismailia nach einer beschwerlichen Schleppfahrt im Wüstensand zu landen; mit an Bord waren diesmal Generalmajor Dormer, der Oberbefehlshaber der britischen Truppen in Ägypten, sowie zwei Journalisten von *Le Phare d'Alexandrie* und *Le Bosphore égyptien*. Bei einem zweiten Flug drei Monate später von Alexandria aus gesellte sich zu den drei Passagieren im letzten Augenblick eine geheimnisvolle, mit einem baskischen Schleier verhüllte Dame hinzu, von der die Journalisten in ihren Berichten hinterher nur schreiben konnten, dass an ihr nichts groß gewesen sei, außer ihrem Mut und ihren entzückenden schwarzen Augen.

Wer die kühne Passagierin gewesen sein könnte, hat man nie erfahren; bekannt ist nur, dass Spelterini im Hotel Khedive, wo er während seines Alexandriner Aufenthalts wohnte, die Bekanntschaft der russischen Reiseschriftstellerin Lydia Paschkoff machte. Diese war von altem Adel, hatte dem Vernehmen nach ganz entzückende schwarze Augen und scheint äusserst empfänglich für den männlichen Charme des Kapitäns gewesen zu sein. Noch im gleichen Jahr veröffentlichte die fünfundvierzigjährige Weltenbummlerin eine fiktive Novelle über einen erdichteten Ballonkapitän mit dem frei erfundenen Namen Edward Spell, der «ein schön gebauter, eleganter Mann in der Blüte seiner besten Jahre» sei. Mit seinem energischen Gesichtsaudruck und der Träumerstirn habe er im Hotel Khedive allgemeines Aufsehen erregt, «und obwohl Edward Spell nicht reich zu sein scheint, bewegt er sich doch mit Leichtigkeit in den Kreisen der Paschas, der Beys, der ägyptischen Banquiers, der griechischen Finanzleute, der italienischen Advokaten und der Vergnügungsreisenden aus allen Ländern. Besonders die Frauen bringen ihm grosses Wohlwollen entgegen; jede hat ein freundliches Auge und ein Lächeln für den seltsam anziehenden Mann. Dabei macht es aber nicht den Anschein, als ob er seine gesellschaftlichen Erfolge suchen würde; er gibt nur jedem die passende Antwort und schwebt ansonsten über dieser buntgemischten Gesellschaft wie ein Adler, der in einsamen Wolken seine Kreise zieht. In seinem Gesicht zeichnet sich ein starker Wille ab, und unter seinen Brauen leuchtet in manchen Augenblicken ein Blitz hervor, der ebenso einem kommandierenden Schiffskapitän wie einem Künstler gehören könnte, der grosse Pläne hat und fest entschlossen ist, diese durchzusetzen. Aber immer bleibt im Wesen Edward Spells etwas zurück, das niemand zu erraten vermag».

Nach seinem ägyptischen Abenteuer kehrte Eduard Spelterini nach Europa zurück. In Neapel setzte er zu einem Flug über den Vesuv an, der in jenen Tagen viel Lava und Rauch spuckte. Kurz nach dem Start aber geriet der Kapitän in ablandig wehende Winde, so dass er die Fahrt weitab vom Vulkan in der Nähe von Capri im Tyrrhenischen Meer beendete, wo ihn ein Dampfschiff in den Wellen dümpelnd aufgriff und zurück an Land brachte.

Da er auf seinen spektakulären Flügen nebst zahlenden Gästen oft auch Presseleute mitnahm, wuchs sein internationaler Ruhm rasch. Nach weiteren Reisen in den Nahen Osten und bis nach Südafrika kehrte er 1891 für zwei Jahre in die Schweiz zurück. Er stieg in Zürich im Hotel Baur au Lac ab, im ersten Hause der Stadt, wo nebst reichen Engländern gelegentlich auch Kaiserin Sissi oder die russische Tsarina, Kaiser Wilhelm II., Richard Wagner und Franz Liszt residierten. Bei den Bürgern erregte Spelterini Aufsehen mit seiner schmucken blauen Phantasieuniform und dem großen, goldenen Orden auf der Brust. Am meisten zu reden gab, dass der geheimnisvolle Kapitän um Fahrgäste warb. Das war neu im Limmatstädtchen. Die wenigen Ballonfahrer, die in den letzten Jahrzehnten hier Station gemacht hatten, waren stets allein aufgestiegen und hatten sich darauf beschränkt, den Zuschauern das Schauspiel ihrer eigenen, meist sehr kurzen Luftfahrten zu bieten. Rasch wurden Stimmen laut, die es Spelterini zum Schutz der Einheimischen verbieten wollten, zahlende Gäste auf seine gefährlichen Fahrten mitzunehmen; andere meinten, wenn es in Zürich tatsächlich jemanden gebe, dem das Leben verleidet sei, so solle man ihm eben erlauben, mit dem Luftschiffkapitän in jene Höhen zu steigen, in denen man die Engel singen hört. Schließlich beschloss die Obrigkeit, auf ein Verbot zu verzichten, damit die Stadt von der internationalen Presse nicht wieder als zwinglianisch-sittenstrenges Provinznest bezeichnet werde, was leider ziemlich oft der Fall war.

Wenn sich die «Urania» nach einigen Wochen der Vorbereitung, der Fahrgast- sowie der Zuschauerwerbung in die Luft erhob, mal vom Heimplatz unterhalb der Universität aus, mal beim Gaswerk außerhalb der Stadt, war das stets ein großes Volksfest. Im abgesperrten Bereich um die Gondel gab es Sitzplätze zu einem oder zwei Franken, in den Bäumen ringsum hingen die Buben stundenlang in den Ästen, und auf dem nahen See schaukelten Dutzende von Booten mit zahlungsunwilligen Schaulustigen. Um sich die Wartezeit zu verkürzen, erörterten die Männer ernst den wissenschaftlichen, sportlichen und militärischen Nutzen der Luftschifffahrt, und unter den Damen gab es, den Gepflogenheiten jener Epoche folgend, fast immer eine liebende Mutter oder eine in zärtlicher Leidenschaft entflammte junge Dame, die mit großer Zuverlässigkeit just in dem Augenblick in Ohnmacht fiel, da ein draufgängerischer Jüngling aus gutem Hause zu Spelterini in die Gondel stieg.

Der Kapitän unternahm Dutzende Flüge von Zürich, Winterthur und St. Gallen aus. Nebst wohlhabenden zahlenden Gästen hatte er auch Physiker, Mediziner, Geologen und andere Wissenschaftler an Bord, die allerlei Experimente anstellten – mehrmals auch Ferdinand Graf von Zeppelin, der sich erste Gedanken über ein lenkbares Luftschiff machte. Auch die Schweizer Armee interessierte sich für Spelterini. Im Juli 1891 unternahmen der Genfer Major Théodore Schaeck und der Zürcher Hauptmann Hermann Steinbuch eine Fahrt mit ihm, im August die Obersten Albert und Paul von Tscharner. Sie kamen zum Schluss, dass die Luftfahrt in naher Zukunft von großer militärischer Bedeutung sein würde, worauf die schweizerische Landesregierung nach gehörig langer Vernehmlassung 1895 die Aufstellung einer Luftschifferkompanie verfügte.

Mehr als zwei Jahre blieb der rastlose Flieger in der Schweiz. Am 27. August 1893, dem letzten, prächtigsten Sommersonntag jenes Jahres, stieg er sogar hinunter ins heimatliche Bazenheid, und zwar mit geradezu überirdischer Grandezza. Von Winterthur war er mit der goldgelben «Urania» aufgestiegen, als er am frühen Nachmittag auf einer Wiese landete, die kaum zwei Kilometer von seinem Geburtshaus entfernt lag. Spelterini unternahm mit seinen Fahrgästen einen Spaziergang durchs Dorf, wo ihn nach Jahrzehnten der Abwesenheit niemand wiedererkannte, kehrte in der Krone ein und verkündete geheimnisvoll, dass er sich hier auf Heimat- und Bürgerland befinde. Dann bezahlte er die

Rechnung und hinterließ ein fürstliches Trinkgeld, verließ leichthin seinen Geburtsort und kehrte nie wieder zurück.

Drei Monate später bemerkten seine Zürcher Freunde, dass er wieder verschwunden war – wohin, wusste niemand. Angeblich war er auf Umwegen nach St. Petersburg und Moskau geraten, wo er als Balloninstruktor in der Armee des Zaren diente. 1895 tauchte er wieder in der internationalen Presse auf, als er einen Überflug des Vesuvs wagte, damit Wissenschaftler luftelektrische und geologische Messungen vornehmen konnten.

Um diese Zeit war es auch, da er aus dem Ballonkorb zu fotografieren begann. Die Fotografie selbst war erst wenige Jahrzehnte alt und steckte noch in den Kinderschuhen, und mit seinen Luftbildern betrat Spelterini weitgehend Neuland. Seine Kamera war groß wie eine Bierkiste und ebenso schwer, und seine Lumière-Glasplatten hatten eine Belichtungszeit von mindestens einer Dreißigstelsekunde. Da mussten Ballon und Fotograf lange stillhalten, damit das Bild nicht verwackelt wurde.

Mit seinen Luftaufnahmen hatte Spelterini ebenso großen Erfolg wie mit den Ballonfahrten. Dank ihnen konnten auch jene, die sich einen Platz im Ballonkorb nicht leisten konnten, die Welt von oben sehen. Die Majestät der Alpen, die verwinkelte Poesie mittelalterlicher Städte, die steinerne Unverwüstlichkeit ägyptischer Grabmäler, die schlangenhafte Geschmeidigkeit der Flussläufe auf ihrem Weg vom Gebirge zum Ozean – auf Spelterinis Bildern boten sie sich dem Betrachter in nie gesehener Augenfälligkeit dar. Er ließ von seinen Schwarzweißaufnahmen kolorierte Glasdias anfertigen und zeigte sie auf ausgedehnten Vortragstourneen durch ganz Europa. Und weil er ein faszinierender Erzähler war, der fließend Deutsch, Französisch, Englisch und Italienisch sprach, strömten die Menschen ihm in allen Ländern zu Tausenden zu. «Diese Bilder wollen als Kunstwerke gesehen und genossen werden», schrieb der *Berliner Reichs-Anzeiger*, und auch die *Neue Zürcher Zeitung* war vom Lichtbildvortrag begeistert: «Spelterini ist ein Tausendkerl; was er außer seinen heilen Knochen aus den Fahrten in die Lüfte mit heruntergebracht hat, trägt er jetzt in zwei Kästen mit sich herum, bereit, im gegebenen Moment wie Aladin mit der Wunderlampe Schätze zu zeigen, Schlösser hervorzuzaubern und Bilder an die Wand zu werfen, die dem trunkenen Auge unauslöschbar bleiben werden.»

Um die Jahrhundertwende unterbrach Spelterini seine europäische Vortragstournee und kehrte in die Schweiz zurück, um sich und seinen Ballon in den Dienst der Naturwissenschaften zu stellen. Gelehrte aller Disziplinen vertrauten sich dem Kapitän an und nutzten seine Fahrten für wissenschaftliche Versuche. Der Zürcher Mediziner Armin Müller untersuchte die Herztätigkeit des Menschen bei rasch wechselndem Luftdruck, Professor Justus Gaule studierte das Verhalten der roten Blutkörperchen, und beiden stellte sich Spelterini als Versuchsobjekt zur Verfügung. Bei weiteren Fahrten kauften sich der Physiker Julius Maurer von der Meteorologischen Zentralanstalt und der Geologe Albert Heim vom Polytechnikum als Passagiere ein, um die Abhängigkeit der Lufttemperatur vom Luftdruck und der Höhe über dem Meer zu untersuchen sowie die Luftfeuchtigkeit in großen Höhen zu messen.

Gleichzeitig machte sich Kapitän Spelterini daran, etwas

bis dahin Undenkbares zu wagen: einen Überflug der Alpen. Dieser hatte bisher unter Ballonfahrern als unmöglich gegolten, da die häufigen Fallwinde an den Flanken des Gebirges jeden nahenden Ballon immer wieder zurück an den Ausgangspunkt treiben würden. Spelterini aber kam zusammen mit Professor Heim zu der Überzeugung, dass man nur in genügend große Höhe aufsteigen müsste, damit der Ballon in höheren Luftschichten über alle lokalen Witterungsverhältnisse hinweggetragen würde.

Am liebsten wäre den Zürcher Professoren natürlich ein Flug von Zürich aus südwärts über den gesamten Alpenkamm gewesen. Die Schwierigkeit war aber, dass der Wind in Zürich fast immer aus Westen oder Südwesten bläst; selten nur weht er von Nordosten her, noch seltener aus Norden und praktisch nie aus Nordwesten. Der Ballon wäre also mit sehr großer Wahrscheinlichkeit parallel zu den Alpen abgetrieben worden, entweder nordostwärts nach Bayern oder in südwestlicher Richtung ins Burgund. Daher beschlossen die Herren, von Sitten im Wallis aufzusteigen. Da die Stadt eng umschlossen ist von den höchsten Gipfeln der Walliser, Berner und Innerschweizer Alpen, würde sich – egal, wohin der Wind das Luftschiff tragen mochte – in jedem Fall ein Alpenüberflug ergeben.

Eine zweite Schwierigkeit war die Beschaffung der Geldmittel. Um die viertausend Meter hohen Alpengipfel sicher zu überqueren, musste das Luftschiff in Höhen von über sechstausend Meter steigen, und dafür war die «Urania» zu klein und zu wenig robust. Schließlich fand sich eine vermögende Fanny Forst aus Koblenz am Rhein, die der Winterthurer Kaufmannsfamilie Biedermann entstammte, eine romantische Schwäche für die Luftschifffahrt hatte und bereit war, die Anschaffung eines neuen Ballons zu finanzieren, den Spelterini auf den Namen «Wega» taufte. Im Namen der Wissenschaft riefen die Professoren Maurer und Heim in allen Schichten der Gesellschaft zu Spenden auf, wobei auch Naturalien willkommen waren. Als zahlungskräftiger Fahrgast meldete sich ein Industrieller namens Alfred Biedermann aus Lodz in Polen, der ebenfalls der erwähnten Winterthurer Kaufmannsfamilie angehörte.

Nachdem die eigens aus Paris angeforderte Wasserstoffmaschine in Sitten eingetroffen war, wurde am Abend des 26. September 1898 auf der Place d'Armes im Zentrum von Sitten mit dem Füllen des Ballons begonnen. Vier Tage später war die Hülle rund und prall – aber der erhoffte Wind aus Südwesten, der eine Fahrt über die Finsteraarhorngruppe, die Urner- und die Glarneralpen bis ins St. Gallische Rheintal ermöglicht hätte, wollte sich nicht einstellen. Man wartete einen Tag, dann noch einen. Sorgenvoll bewachte Spelterini seinen strahlend neuen Ballon, der fest vertäut auf dem Platz stand. Wenn man zu lange wartete, würde allmählich der Wasserstoff aus der Hülle austreten, und mit jedem weiteren Tag würde die Gefahr wachsen, dass ein plötzlich einsetzender Föhnsturm den Ballon in Fetzen riss. Also gab der Kapitän am Morgen des dritten Tages – obwohl noch immer Südostwind statt Westwind herrschte – das Zeichen zum Aufbruch. Am 3. Oktober 1898 morgens um 10.53 Uhr stieg die «Wega» mit Spelterini, Maurer, Heim und Biedermann zur ersten Überfliegung der Hochalpen auf. Kaum hatte das Luftschiff die Erde verlassen, wurde es vom Föhn erfasst und rhoneabwärts getrieben; nach ein paar Minuten aber warf der Kapitän, um in höhere Luftschichten zu entkommen, die ersten von dreihundertzweiundneunzig zugeladenen Sandsäcken ab, und schon um 11.41 Uhr trieb der Ballon in viertausenddreihundertfünfzig Metern Höhe über die tausend Meter tiefer liegenden, schneeweißen Gipfel der Diablerets und weiter über zahlreiche vergletscherte Alpenkämme. Erleichtert stellten die Aeronauten fest, dass sie ohne die geringsten Abwinde, Abweichungen oder Hindernisse gleichmäßig in stabiler Höhe geradeaus fuhren. Die Reise ging übers Greyerzerland und nördlich am Genfer See vorbei zum Neuenburger See, über den Jura und in stetig geradlinig nordwestlicher Richtung weiter ins französische Burgund. Der Geologe Heim maß fortlaufend die Höhe und die geographische Position. Der Meteorologe Maurer beobachtete Barometer, Thermometer und Hygrometer. Kapitän Spelterini fotografierte und bediente das Luftschiff. Passagier Biedermann diente allen als Handlanger.

Nach fünfstündiger Fahrt ereignete sich ein kleines Drama, das Professor Heim später für die Nachwelt festhielt. Die «Wega» war in Frankreich auf über sechstausendachthundert Meter gestiegen, was mit großen Beschwerden für die Passagiere verbunden war. Alle litten unter Mattigkeit, Nasenbluten und Atemnot, die Gesichter färbten sich grau oder dunkelbraun, und die Bärte hingen voller Eis. Den Wissenschaftlern war klar, dass jeder weitere Aufstieg Lebensgefahr bedeutete und man unbedingt vor Anbruch der Nacht zur Erde zurückkehren musste. Spelterini aber hatte die Gelegenheit gewittert, mit seinem neuen Fesselballon gleich bei der ersten Fahrt den Höhenrekord zu brechen. Er lockte und bezirzte seine Fahrgäste unter Aufbietung seines in langen

Jahren erworbenen Charmes, versprach eine rasche und einfache Rückkehr in die Schweiz, da weiter oben ein Westwind wehe, der das Gefährt nach Hause treiben werde – und als das alles nicht verfing, schützte er vor, er könne die Ventilleine für den Abstieg nicht ziehen, weil er vergessen habe, welche von den zwei aus dem Ballon herunterhängenden Leinen die normale und welche die Reißleine sei – wenn er aber Letztere erwische, würden sie sofort abstürzen.

Damit aber geriet Spelterini bei Albert Heim an den Falschen. Der Professor litt zwar unter Höhenkrankheit, kauerte zusammengesunken mit vereistem Bart im Korb und war zu schwach, sich zum Schutz vor der Kälte den Mantel überzuziehen, aber er war ein Mann der Wissenschaften, der von Berufs wegen einen kühlen Kopf behielt, und darüber hinaus ein erfahrener Bergsteiger. Er hatte mehrere Abstürze überlebt und 1892 aufgrund dieser Erfahrungen die erste wissenschaftliche Studie über Nahtoderlebnisse bei Absturzopfern verfasst, welche internationale Beachtung und sogar Eingang in eine Erzählung Karl Mays fand. (Kuthab Aga: «Hast du, Effendi, schon einmal gehört, dass in der Todesstunde das ganze Leben des Sterbenden mit allem, was er längst vergessen hat, an ihm vorüberziehe?» Kara Ben Nemsi, alias Old Shatterhand: «Ja. Das hat man schon öfter behauptet.» Kuthab Aga: «Diese Behauptung ist entsetzlich wahr!»)

Albert Heim schaute dem Kapitän tief in die Augen, deutete auf das weiße und das rote Seil und antwortete: «Diese Seile zu kennen ist deine Pflicht; übrigens weiß ich trotz meines schlechten Gedächtnisses und meiner Schlaffheit hier oben ganz bestimmt, dass du am roten Seil zu ziehen hast.

Das weiße ist die Reißleine.» Da fügte sich der Kapitän und zog die rote Leine, und eine halbe Stunde später, um 16.37 Uhr, landete die «Wega» nach fünfeinhalbstündiger Fahrt auf einer Wiese bei Rivière in der Nähe von Besançon, zweihundertneunundzwanzig Kilometer von der Place d'Armes in Sitten entfernt.

«Unsere Ballonfahrt ist weder die höchste noch die weiteste», zog Professor Heim Bilanz. «Aber sie ist die erste, die ein bedeutendes Gebirge überquert hat, und sie ist auch die erste, deren Ballon nicht nur auf wenige Minuten, sondern sehr lang und sehr weit sich in Höhen über fünftausend und sechstausend Metern gehalten hat.»

Da der Bann der Alpenüberquerung gebrochen war, unternahm Spelterini immer längere, höhere und gefährlichere Flüge durchs Gebirge. In dreizehn Jahren überflog er den Alpenwall insgesamt zehnmal in den verschiedensten Richtungen, fotografierte und nahm immer wieder Wissenschaftler mit. 1904 kehrte er für mehrere Monate nach Ägypten zurück, um die Weltwunder der Pharaonenstädte aus der Vogelperspektive festzuhalten. 1911 machte er einen Abstecher nach Südafrika und fotografierte Johannesburg sowie die Goldminen von Transvaal aus der Vogelperspektive. Und dann kam, als Spelterini schon über sechzig Jahre alt war, privates Glück hinzu. An seiner Seite tauchte eine schöne, kluge und um einiges jüngere Frau namens Emma auf, die Deutsch mit wienerischem Singsang sowie ein sehr gepflegtes Französisch sprach und angeblich mit dem Hause Habsburg verwandt war. Am 28. Januar 1914 führte er sie zum Traualter, und zwar nicht irgendwo, sondern am Trafalgar Square in London, in der altehrwürdigen Kirche von

St. Martin in the Fields. Spätestens auf dem Standesamt muss ans Tageslicht gekommen sein, dass Emma streng genommen keineswegs eine blaublütige Habsburgerin aus Wien war, sondern eine gebürtige Karpf aus Marktheidenfeld in Bayern, und dass sie exakt fünfunddreißig Jahre und zweiundsiebzig Tage jünger war als der Bräutigam; am Tag ihrer Geburt war der Kapitän gerade damit beschäftigt gewesen, im Wiener Prater den Ballon für den denkwürdigen Ausflug mit Außenminister Kalnocky zu füllen.

Ein halbes Jahr nach der Hochzeit brach der Erste Weltkrieg aus, und die Belle Epoque, die Spelterini stets auf Händen getragen hatte, war von einem Tag auf den anderen zu Ende. In den mondänen Hotels von Montreux, Luzern und St. Moritz beglichen alle Gäste aus England, Russland und Amerika ihre Rechnungen und fuhren heim. In ganz Europa herrschte Generalmobilmachung und wurden die Grenzen geschlossen, und von freier, grenzenloser Luftschifffahrt konnte keine Rede mehr sein.

Eduard Spelterini zog sich mit Emma für die Dauer des Krieges als Privatier nach Coppet bei Genf zurück. Im zweiten Kriegsjahr engagierten sie einen jungen Mann namens Robert Zuber als Diener, der seine Gattin Alexandrine und das neugeborene Söhnchen Alexius mitbrachte, dem der Kapitän mit großväterlicher Zärtlichkeit zugetan war.

Aber Spelterinis Ersparnisse schmolzen, da er keinerlei Einnahmen mehr hatte, rasch dahin. Schon im dritten Kriegsjahr war er gezwungen, seine kostbaren Luftaufnahmen und Glasnegative zu verkaufen. Und als weitere zwei Jahre später der Krieg vorbei war, hatten sich die Zeiten von Grund auf geändert. Die mächtigsten Imperien der Welt waren zusammengebrochen, Kaiser und Könige hatten abgedankt, die Zarenfamilie war erschossen und der Haarföhn erfunden worden — und der Benzinmotor, der um ein Vielfaches kleiner, leichter und leistungsfähiger war als die Dampfmaschine, hatte seinen Siegeszug durch die Welt angetreten. Knatternd, rauchend und stinkend eroberte er das Land, das Wasser und zuletzt auch die Luft.

Eduard Spelterini fand die junge Konkurrenz der Motorflugzeuge lärmig, gewöhnlich und eines Gentlemans in jedem Falle unwürdig. Es erbitterte ihn sehr, dass der Motorflieger Géo Chavez mit der ersten Alpenüberquerung Weltruhm erlangte, während er selbst, der doch die Alpen schon zwanzig Jahre früher bezwungen hatte, allmählich in Vergessenheit geriet. Aber die modernen Apparate hatten nun mal den nicht zu leugnenden Vorteil, dass sie die Illusion der Freiheit nicht nur in der Vertikalen, sondern auch in der Horizontalen ermöglichten, weil man mit ihnen ein angepeiltes Ziel unabhängig von der Windrichtung auf dem direktesten und schnellstmöglichen Weg mit großer Zuverlässigkeit erreichen konnte, weshalb schon bald Hunderte und Tausende von Flugzeugen den Himmel über Europa bevölkerten. Für Spelterinis Fesselballon interessierte sich kein Mensch mehr. Erst verloren die Zeitungen das Interesse, dann blieben die Geldgeber aus, schließlich die Fahrgäste.

Spelterini hatte keine Einkünfte mehr, und die letzten Ersparnisse vernichteten Weltwirtschaftskrise und Hyperinflation. Zwar erteilte ihm der Regierungsrat des Kantons St. Gallen am 22. März 1921 die späte Bewilligung, den Familiennamen seiner Väter endgültig abzulegen und sich künftig in allen offiziellen Dokumenten Spelterini zu nennen; in der

Welt der Luftfahrt aber, die ihm alles bedeutete, war der Name nichts mehr wert.

Im Sommer 1922 verdingte er sich und seinen Ballon als Touristenattraktion im Kopenhagener Tivoli-Vergnügungspark. Der Aeronaut posierte in der Gondel mit kleinen Mädchen in Rüschenkleidchen und Buben in Matrosenanzügen, dann mit Journalisten, Schriftstellern und Militärs — meist am Boden und ohne dass dem Erinnerungsbild ein Start gefolgt wäre. Auf den Fotos, die aus jenen Tagen in Kopenhagen erhalten sind, macht der Kapitän tapfer lächelnd gute Miene zum ordinären Spiel, aber das Unglück steht ihm ins Gesicht geschrieben. Spelterini fühlte sich wie ein Zirkuspferd.

Als der skandinavische Sommer zu Ende ging und das Wetter zu rau wurde, kehrte Spelterini dem Vergnügungspark den Rücken und nahm endgültig Abschied von der großen Welt. Anfang 1923 ließ er sich mit Emma, Diener Robert Zuber sowie Alexandrine und dem kleinen Alexius, der auch schon acht Jahre alt war, in einem kleinen Ort namens Zipf bei Vöcklabruck in Oberösterreich nieder und kaufte ein einstöckiges Häuschen, das abseits des Dorfs zwischen Wiesen, Wäldern und Äckern stand und vier Zimmer hatte; zwei bewohnten die Spelterinis, zwei die Zubers. Hinter dem Haus gab es einen Hof, in dem Zuber dreihundert Hühner hielt, deren Eier er auf dem Markt verkaufte. Da der Kapitän nicht mehr fliegen konnte, lebten sowohl die Herrschaften als auch ihre Diener jahrelang ausschließlich vom Eierverkauf.

Spelterini selbst war beliebt und geachtet im ländlichen Ort, der ihn in vielem an Bazenheid erinnert haben mag. Er benahm sich leutselig und zog stets höflich den Hut, wenn die Leute des Dorfes ihn ansprachen, und er konnte aufs Charmanteste von exotischen Ländern und dem Zauber der Ballonfahrt berichten. Über sich selbst sprach er nie.

Im Spätsommer 1926 brach er noch einmal auf in die Schweiz, sammelte Geld bei alten Freunden und stieg am 16. September in einem gemieteten Ballon vom Gaswerk Zürich aus auf. Es war seine fünfhundertsiebzigste Fahrt; in vier Jahrzehnten hatte er nach eigenen Angaben tausendzweihundertsiebenunddreißig Passagiere in die Luft geführt, darunter hundertundsieben Damen. Mit an Bord waren diesmal der Apotheker Otto Brunner aus Zürich, zudem Kreiskommandant Kaspar Aeberli aus Oerlikon und Reporter Willi Bierbaum von der *Neuen Zürcher Zeitung*, der in siebzehn Jahren manche von Spelterinis Fahrten mitgemacht hatte. Beim Start stieg der Vierundsiebzigjährige wie eh und je auf den Korbrand und schwenkte seine weiße Kapitänsmütze, und dann sang er wohl noch einmal die Arie des Toreros aus Bizets *Carmen*. Nach einer herrlichen Fahrt bei bestem Wetter über St. Gallen und Appenzell geriet die Gesellschaft über dem Rheindelta in viertausenddreihundert Metern Höhe in dichten Nebel, der jede Orientierung unmöglich machte, und Spelterini, der mit seinen Kräften am Ende war, verlor das Bewusstsein, während der Ballon in die Vorarlberger Alpen abgetrieben wurde. Mit vereinten Kräften gelang es den drei Passagieren in höchster Not, vor der im Nebel verhüllten Westwand des Hohen Isers, der höchsten Spitze des Bregenzer Waldes, in einer Geröllmulde an der bayerischen Grenze auf zweitausend Metern Höhe hart zu landen. Verletzt wurde niemand, aber in Sicherheit waren die Luftschiffer erst nach einem mehrstündigen Nachtmarsch hinunter ins nächste Dorf.

Nach dieser Bruchlandung hatte für Spelterini alle Himmelsstürmerei ein Ende. Er kehrte zurück nach Zipf zu Emma, den Zubers und den dreihundert Hühnern. Kurz darauf erkrankte er am grauen Star und drohte zu erblinden. Die Augenoperation verlief erfolgreich, aber seine Lebenskräfte ließen nach. Seine Spaziergänge wurden kürzer, der einst so charmante Lebemann immer wortkarger. Im Frühling 1929 unternahm er eine letzte Reise an die Côte d'Azur zu den mondänen Schauplätzen seiner Erfolge. Nach wenigen Tagen ging ihm das Geld aus, und er musste von Le Lavandou aus einen Brief in
die Schweiz an Oberst Santschi schreiben, damit ihm dieser einen Batzen für die Heimreise schickte.

Am 16. Juni 1931, zwei Wochen nach seinem neunundsiebzigsten Geburtstag, starb Spelterini kurz vor Mitternacht in seinem Haus. Drei Tage später wurde er auf dem evangelischen Friedhof in Vöcklabruck beigesetzt. Um dem vergessenen Mann auf seiner letzten Fahrt ein einigermaßen würdiges Geleit zu geben, musste die Gemeinde rasch ein paar Kirchgänger mobilisieren. In der Kirche spielte auf

Spelterinis Wunsch die Seebauern-Musi aus Frankenburg die Serenade von Enrico Toselli, am offenen Grab dann das Largo von Georg Friedrich Händel.

Emma Spelterini und die Zubers blieben noch sieben Jahre in Zipf. Sie wanderten viel durch die umliegenden Wälder, und mehrmals pro Woche verkauften sie ihre Eier auf dem Markt von Neukirchen oder Vöcklabruck. Am 29. Januar 1938, kurz vor dem Anschluss Österreichs an Nazideutschland, überließ Emma das Haus weit unter Preis einem Herrn Pramhas und kehrte zurück in die Schweiz; Robert Zuber fuhr mit Alexandrine und Alexius heim in seine Geburtsstadt Wien. Anderthalb Jahre später, am 24. August 1939, eine Woche vor Ausbruch des Zweiten Weltkriegs, begann Emma ein neues Leben. Sie heiratete in Yverdon-les-Bains einen einheimischen Hausarzt namens Henri Duruz und ließ sich am Neuenburger See nieder, wo sie hochbetagt am 27. Oktober 1963 starb.

10 Isabelle Eberhardt

Am 21. Oktober 1904 ertrank in der Sahara zwischen Dattelpalmen und Sanddünen Isabelle Eberhardt aus Genf, die viele Jahre als Mann und Muslim verkleidet die arabische Welt erkundet hatte. Nur drei Stunden zuvor hatte sie gegen den Willen ihrer Ärzte das sicher gelegene Krankenhaus von Aïn Sefra verlassen und war in ein Lehmhaus gezogen, das zwischen Kneipen und Bordellen in einem ausgetrockneten Flussbett stand. Da brach über den gelben Dünen der Oasenstadt ein Unwetter herein, wie es seit Menschengedenken keines mehr gegeben hatte, und durch das eben noch trockene Flussbett ergoss sich eine gewaltige sandgelbe Flut. Die französischen Fremdenlegionäre aus der höher gelegenen Kaserne, die auf Befehl ihres Generals nach Isabelle suchten, fanden sie zwei Tage später in den Resten ihres Lehmhauses am Fuß der Treppe, begraben unter einer dicken Schicht Schlamm und Geröll.

Schon als Kind hatte Isabelle die Kleider ihrer älteren Brüder getragen und sich das Haar jungenhaft kurz geschnitten. Geboren war sie am 17. Februar 1877 in Genf und aufgewachsen in einem einsamen Landhaus außerhalb der Stadt, ungefähr an der Stelle, an der heute die Landebahn des Flughafens Genf-Cointrin endet. Ihre Mutter Nathalia war eine

russische Adlige aus Moskau, die mit dem Hauslehrer ihrer
Kinder durchgebrannt war und sich nach einer jahrelangen
Odyssee durch Europa in Genf niedergelassen hatte, wo sie
wenig später Isabelle zur Welt brachte.

Isabelle und ihre Geschwister besuchten nicht die örtlichen Schulen, sondern wurden vom Hauslehrer und Gelieb-
ten ihrer Mutter unterrichtet. Dieser hieß Alexander Trofimovski und war ein ehemaliger russisch-orthodoxer Priester
aus Armenien, der fließend Arabisch, Türkisch, Französisch,
Deutsch und Russisch sprach. Er war persönlich mit Baku-
nin befreundet und ein Anhänger von Tolstois bäuerlich-
religiösem Anarchismus, und wie Tolstoi war er ein großer,
starker Mann mit markantem Schädel und Ehrfurcht gebie-
tendem, schlohweißem Bart; die Kinder nannten ihn «Vava»,
«der Alte». Morgens unterrichtete er sie in Geschichte, Sprachen und Literatur, der Nachmittag galt der Ertüchtigung
von Körper und Seele mittels naturnaher Arbeit im Garten.
Schon mit zwölf Jahren soll Isabelle den Koran auf Arabisch,
die Bibel auf Griechisch und die Tora auf Hebräisch gelesen
haben; daneben sprach man im Haus Französisch, Deutsch
und Russisch. Als sie sechzehn Jahre alt war, rauchte sie
Zigaretten, trug Männerkleider und hackte Brennholz im
Garten.

Da die Familie keinerlei Anstalten machte, ihren Lebensstil den örtlichen Gepflogenheiten anzupassen, musste sie
den Argwohn der Einheimischen wecken. Am 12. Dezember 1887 schrieb ein Genfer Briefmarkenhändler namens
Kirchhofer dem Direktor der Police Centrale einen Brief,
um darauf hinzuweisen, dass «alle Bewohner dieses Hauses
mysteriöse Allüren an den Tag legen»; gleichzeitig bat er um

Auskunft über die Vermögensverhältnisse der Familie, da der jüngste Sohn ihm zweitausend Francs schulde. Daraufhin nahmen die Agents de Sûreté Kohlenberger und Vallet Ermittlungen auf und fanden heraus, dass die Russenfamilie wohl einen originellen Lebensstil pflege und Trofimovski ungebetene Besucher mit Revolverschüssen aus dem Garten vertreibe; die Kinder aber seien gut genährt und würden keinesfalls misshandelt. Zudem habe der Briefmarkenhändler, wenn er einem fünfzehnjährigen Knaben derart viel Geld leihe, sich selbst an der Nase zu nehmen.

Solange die Kinder klein waren, vermochte Trofimovski sie in der Abgeschiedenheit des Landhauses zu halten und nach seinen Tolstoi'schen Idealen fernab gesellschaftlicher Zwänge und Konventionen zu erziehen; je größer sie aber wurden, desto weniger waren sie bereit, sich in die vom Patriarchen verordnete Autarkie zu fügen. Zwei Söhne flohen vor seiner despotischen Pädagogik in die Fremdenlegion, die ältere Tochter entwich durch Heirat mit einem Jules nach Genf; der dritte Sohn wurde schwermütig und machte sich eines Tages für immer aus dem Staub, indem er die Abluft des Gasofens in sein Zimmer leitete.

Während die Mutter vor Sorge, Kummer und Heimweh halb wahnsinnig wurde, fuhr die siebzehnjährige Isabelle immer öfter mit der neuen Pferdestraßenbahn die vier Kilometer nach Genf, um im Arbeiterquartier Carouge die Nacht zu erkunden. Sie trank Bier, Wein und Absinth mit arabischen Studenten, jungtürkischen Revolutionären und russischen Anarchisten in der Brasserie Handwerk oder Chez Theuss, und bald erprobte sie auch die Wirkung von Haschisch und Opium und hatte dem Vernehmen nach erste Affären mit

Männern, die nicht immer alle ganz unverheiratet waren. «167 Zentimeter groß, schlank, graue Augen, blond, großer Mund, gute Zähne, bleicher Teint», beschrieb Agent de Sûreté Kohlenberger sie im amtlichen Signalement, und unter «Besondere Kennzeichen» notierte er: «Verkehrt als Mann gekleidet in der Stadt, hat äußerst militante Ideen.»

In jener Zeit beschloss Isabelle, Schriftstellerin zu werden. Sie abonnierte die literarische Pariser Tageszeitung *Le Journal* und schrieb unter Pseudonym eine ziemlich morbide Erzählung, in der es um einen jungen Arzt geht, der in der Leichenhalle eine schöne, aber tote junge Frau begehrt. Sie schickte das Werk nach Paris, und eine Zeitschrift druckte es tatsächlich ab.

Am 28. November 1896 geschah es, dass sie wie jeden Tag ihr *Journal* las und auf Seite vier eine Annonce fand, die ihr Leben für immer verändern sollte. «Spleeniger Militärarzt, momentan im Süden Algeriens exiliert, sucht intellektuelle Korrespondenz mit einer fröhlichen und geistreichen Person von Welt. Zuschriften bitte an F. R. 102, Poste restante, Constantine.» Isabelle schrieb dem spleenigen Militärarzt und unterzeichnete mit «Nadia», und der Militärarzt, der übrigens kein Militärarzt, sondern ein einfacher Leutnant namens Eugène Letord war, revanchierte sich, indem er ihr in den glühendsten Farben die Schönheit Algeriens und der Sahara mit ihren Dünen, ihren Palmenhainen und ihrer trostlosen Großartigkeit beschrieb. Spätestens da war es um Isabelle geschehen. Sie wollte in den Maghreb reisen, den Orient erkunden, die geheimnisvolle Welt des Islam erforschen.

Da sie als junges Mädchen nicht sofort auf eigene Faust aufbrechen konnte, ließ sie sich fürs Erste von einem Genfer

Fotografen als Beduine portraitieren und schickte das Bild ihrem Brieffreund. Der Zufall wollte es, dass der Fotograf selbst oft in den Maghreb reiste und zwei Häuser an der algerischen Küste besaß. Er bot Isabelle an, ihr eines für fünfzig Francs monatlich zu überlassen.

Im Mai 1897 fuhr sie in Begleitung ihrer Mutter an Bord der Duc de Bragance von Marseille nach Algerien. Sie gingen in einer Kleinstadt namens Bône an Land, die damals, nach sechzig Jahren Kolonisierung, äußerlich eine typisch französische Kleinstadt war, mit einem breiten Boulevard und einem eleganten Hotel, einem platanenumsäumten Platz vor dem Rathaus sowie jenen Banken und Boulangerien, Charcuterien, Epicerien und Quinquaillerien, die das französische Bürgertum fürs eigene Wohlbefinden nun mal benötigt. Das war aber nicht der Orient, den Nathalia und Isabelle sich erträumt hatten. Nach einem Streit mit der Ehefrau des Fotografen verließen sie das Franzosenviertel und mieteten in der arabischen Altstadt, mitten in der fünfhundert Jahre alten Kasba, zwei Zimmer mit Blick auf belebte Innenhöfe.

Binnen weniger Wochen fand Isabelle in Algerien jene Heimat, die sie als russisches Genfer Flüchtlingskind zeitlebens vermisst hatte. Sie pflegte ihre Mutter, die sehr krank war, und unternahm ausgedehnte Spaziergänge durch die sommerlich heiße Stadt. Um sich frei bewegen zu können, legte sie ihre europäischen Kleider ab und kleidete sich als arabischer Mann in einen langen weißen Burnus, schor sich den Kopf, setzte einen Turban auf und nannte sich fortan Si Mahmoud Saadi. Sie lernte rasch das algerische Arabisch und fand Freunde unter den einheimischen Studenten, denen sie weismachte, sie sei ein junger Türke, der aus einem französischen Internat ausgerissen sei und nun reise, um den Islam zu studieren. Mit ihnen saß und lag sie ganze Nachmittage und Abende auf geflochtenen Matten vor den Cafés, trank Minzetee und Absinth und rauchte Haschisch aus der Wasserpfeife, ließ sich mit orientalischer Gelassenheit vom Strom der Zeit tragen und genoss das Gefühl, eins zu sein mit den Menschen, der Welt und dem einen, allumfassenden Gott. Im Sommer 1897 konvertierte sie zum Islam und hielt von da an dessen Rituale peinlich genau ein: die Fastenzeiten, die Waschungen, die täglichen fünf Gebete in der Moschee, auf der Straße oder unterwegs in der Wüste. Sie schminkte ihre Hände mit Henna und trug knallrote Lederstiefel, und wenn sie es sich leisten konnte, hüllte sie sich gern kräftig in orientalisch süßes Parfüm.

Nur ihre wüste Sauferei verstieß gegen die Gebote Mohammeds, und ihre Promiskuität. «Wenn ihr ein Mann gefiel, nahm sie ihn einfach», erzählte fünfzig Jahre später eine Französin, die in Algerien mit Isabelle befreundet gewesen war. «Sie gab ihm ein Zeichen, und weg waren sie. Ein Geheimnis hat sie daraus nie gemacht, weshalb auch?» Den Freunden, Liebhabern und später ihrem Ehemann berichtete sie stets mit entwaffnender Offenheit über ihre Abenteuer. «Dreifache Narren sind jene, die behaupten, die Wollust der Liebe zu verachten», schrieb sie, «diesen verwirrenden, unerklärlichen Rausch, der für kurze, ach viel zu kurze Augenblicke allen Schmerz und alle Ängste vergessen lässt ... Greise sind das, Eunuchen oder verlogene Pharisäer – dies vor allem.»

So flossen die Wochen und Monate dahin. Während der heißen Nachmittagsstunden schrieb Isabelle eine lange Erzählung über die unmögliche Liebe zwischen einem französischen Offizier und einer jungen Beduinin namens Jasmina; am Schluss verleugnet er sie, und Jasmina stirbt vor Kummer. Dann kam der Herbst, der Wind peitschte das graue Wasser des Mittelmeers gegen die Hafenmauer. Die Studenten lagen nun nicht mehr im Freien, sondern zogen sich ins Innere der Cafés zurück. Als Isabelle am 28. November auf dem Heimweg war, hörte sie von Weitem das Wehklagen trauernder Frauen. Die Stimmen kamen aus ihrem Viertel, aus ihrer Straße, ihrem Haus, ihrer Wohnung – ihre Mutter Nathalia war an Herzversagen gestorben, mit neunundfünfzig Jahren.

Isabelle war untröstlich. Sie verbarrikadierte sich in ihrem Zimmer und schrieb viele Dutzend Tagebuchseiten voll mit Betrachtungen ihres bitteren Schicksals und der Leere ihrer Existenz. Dann kam der Tag im Februar 1898, an dem sie ohne Ankündigung aus dem Haus trat, auf dem Viehmarkt ein Pferd kaufte und im Galopp aus der Stadt hinaus südwärts ritt, ins Atlasgebirge und der Sahara entgegen. Erstmals in ihrem einundzwanzigjährigen Leben allein auf eigene Faust unterwegs, entdeckte sie die Welt, die ihr für immer zur Heimat werden sollte: die Wüste, die Oasen, die Nomaden und die Stille, die zeitlose Ruhe, die endlose Weite. Drei Wochen war sie mit ekstatischer Begeisterung unterwegs, dann fand die Reise ein abruptes Ende. Die Hotels waren teuer, die Restaurants ebenfalls, die Pferdeknechte wollten bezahlt sein. Noch war Isabelle Europäerin und hatte nicht gelernt, von Datteln und Hirse zu leben und sich irgendwo im Staub schlafen zu legen. Im März 1898 ging ihr das Geld aus, sie musste heimkehren nach Genf.

Dort aber fand sie sich nicht mehr zurecht. Die nüchterne Calvin-Stadt war grau, abweisend und leblos, die Ankunft im Elternhaus wie die Rückkehr ins Gefängnis. Kam hinzu, dass Trofimovski an Kehlkopfkrebs erkrankt war und unter dem Einfluss starker Schmerzmittel fürchterliche Wahnvorstellungen hatte. Am Abend des 14. Mai 1899 rief er nach Chloral, und Isabelle und ihr Bruder Augustin, der inzwischen aus der Fremdenlegion heimgekehrt war, bereiteten ihm den Trank. Wahrscheinlich war die Dosierung zu stark, am nächsten Morgen war Vava tot. Jahre später mutmaßten Journalisten, die Geschwister hätten dem Leidenden absichtlich zum Tod verholfen.

Isabelle wollte so rasch wie möglich zurückkehren in die Wüste, aber ohne Geld ging das nicht. Da sie als uneheliche Tochter nicht erbberechtigt war, stand sie mit zweiundzwanzig Jahren erstmals vor der Herausfoderung, selbst für ihren Lebensunterhalt aufkommen zu müssen. Sie entsann sich ihrer literarischen Kontakte und fuhr nach Paris, um Rat bei der russischen Reiseschriftstellerin Lydia Paschkoff einzuholen, die im Frühling 1890 in Kairo dem Charme des Ballonfahrers Spelterini verfallen und möglicherweise mit ihm über die Pyramiden von Gizeh geflogen war. «Um zu leben, wie wir beide es wünschen», ließ die Ältere die Jüngere wissen, «benötigt man ein Einkommen von 50 000 Francs.» Weiter gab sie ihr den Rat, in Paris stets im Araberkostüm aufzutreten und sich mit den Herren der Académie Française gut zu stellen, ohne aber auf deren galante Avancen einzugehen. Und keinesfalls dürfe sie es sich mit den einflussreichen Juden verderben.

Für solche diplomatischen Pirouetten war Isabelle nicht

geeignet. Sie trat in Paris hölzern und ungelenk auf, und die Reise wäre ganz unnütz gewesen, wenn sie nicht die Witwe des Entdeckungsreisenden Marquis de Morès kennengelernt hätte, der drei Jahre zuvor auf mysteriöse Weise in der Sahara ums Leben gekommen war. Sie beauftragte Isabelle, nach Spuren des Marquis oder seiner Mörder zu suchen, und gab ihr tausendfünfhundert Francs Reisegeld.

Im Juli 1900 war sie zurück in Algerien. Wiederum kaufte sie ein Pferd und ritt als Si Mahmoud Saadi hinaus in die Wüste. Mal schloss sie sich einem osmanischen Steuereintreiber an, dann einer Kompanie Fremdenlegionäre, und oft war sie allein unterwegs; manchmal, wenn der Weg von einer Oase zur nächsten zu lang war, reiste sie im Schutz einer Kamelkarawane. Sie folgte den Nomadenstämmen des Südens bis zur gänzlichen Erschöpfung, verbrachte einsam ganze Tage reglos in Betrachtung der Großen Wüste, schlief in Karawansereien auf schmutzigen Lehmböden, schlug sich mit Fremdenlegionären die Nächte im Bordell um die Ohren. Und als Schriftstellerin gelangen ihr, die in Europa nicht frei war von naiver Selbstgefälligkeit, Naturbeschreibungen von ergreifend schlichter Schönheit. Um den Auftrag ihrer Geldgeberin kümmerte sie sich kaum.

In der Oase El Oued machte sie die Bekanntschaft des Quartiermeisters der französischen Garnison, eines gut aussehenden, weichlichen, nachgiebigen Algeriers namens Slimène Ehnni, der ausgezeichnet Französisch sprach, die französische Staatsbürgerschaft erlangt hatte und der beste Liebhaber war, dem Isabelle je begegnet war. Sie schrieben einander Briefe, in denen vom Heiraten die Rede war und davon, dass man für den Lebensunterhalt eine kleine Epicerie oder ein Café in dieser oder jener Oase eröffnen würde. Aber da Slimènes Sold kaum zum Überleben reichte und die unzufriedene Marquise ihre Zahlungen an Isabelle einstellte, fehlte selbst für diesen bescheidenen Traum das Geld. Bald war Isabelle wieder in der Wüste unterwegs. Allein.

Für Slimène war Isabelle – oder Si Mahmoud – gleichzeitig Mann, Frau und Jüngling – ein Traumbild, das in der orientalischen Literatur oft wiederkehrt. Im Alltag aber machte es ihm zu schaffen, dass sie mit jedem Mann schlief, der ihr gefiel. «Ja, es ist so, ich bin vor Gott und vor dem Islam Deine Frau», erklärte sie ihm in einem Brief. «Aber ich bin nicht eine gewöhnliche Fatima oder Aischa. Ich bin auch Dein Bruder Mahmoud, ein Diener Gottes und Abd al-Qadir al-Dschilanis, und nicht einfach die Dienerin ihres Gatten wie alle arabischen Frauen nach dem Gesetz der Scharia. Ich werde nicht zulassen, verstehst Du, dass Du Dich der wunderbaren Träume unwürdig erweist, die ich für uns beide geträumt habe.»

So ritt sie weiter frei von einer Oase zur nächsten, und wenn Slimène Urlaub erhielt, reiste er ihr hinterher, manchmal tausend Kilometer weit. Am 29. Januar 1901 war sie in Behima auf dem Dorfplatz und übersetzte einem Beduinen einen Brief aus dem Französischen, als ein junger Mann ihr mit einem Krummsäbel den Kopf zu spalten versuchte. Vor Gericht sagte er später, Allah habe ihm die Tat befohlen. Zu Isabelles Glück verheddert sich die Klinge über ihrem Kopf in einer gespannten Wäscheleine, weshalb der Schlag nicht richtig gelang und sie nur an der Schläfe und Schulter verletzt wurde. Der Attentäter wurde zu zwanzig Jahren Zwangsarbeit verurteilt, obwohl Isabelle ihm vor Gericht verzieh und für ihn um Gnade bat. Und auch sie selbst musste für den Vorfall büßen: Das Gericht erkannte in ihr eine ausländische Unruhestifterin und verwies sie im Mai 1901 für unbestimmte Zeit des Landes.

Einmal mehr ihrer Heimat beraubt, fuhr Isabelle wie befohlen übers Mittelmeer nach Marseille, dachte aber keinen Augenblick daran, sich auf Dauer in Europa niederzulassen. Sie nahm ein Zimmer am Hafen und bestellte Slimène zu sich, heiratete ihn und erlangte so die französische Staatsbürgerschaft – und wenige Tage später zog sie mit allen Rechten einer Französin triumphierend wieder in Algier ein. Da die Frischvermählten kein Geld und keine Wohnung hatten, lebten sie eine Weile bei Slimènes Familie, was aber Isabelle nicht lange ertrug. Bald schwang sie sich erneut in den Sattel und machte sich auf in den Süden.

«Sie hatte das sanfte Gesicht eines Jünglings und das Lächeln eines Kindes», sagte ihr Schriftstellerfreund Robert Randau, «aber ihre Stimme war schief und näselnd, und sie fluchte gern und kräftig.» Es gab Zeiten, da war sie faul und träge und kaum willens, überhaupt weiterzuleben. Dann vernachlässigte sie ihre Freunde, ihre Arbeit und sich selbst; Briefe blieben ungeöffnet, Rechnungen unbezahlt, Nachrichten unbeantwortet. Sie ergab sich in Armut und Müdigkeit und unternahm keine Anstrengung, die Krankheiten zu kurieren, die sie als Preis ihrer Freiheiten mit sich umhertrug. Ihre Zähne verfaulten, denn auf Reisen hatte sie stets einen Revolver, aber nie eine Zahnbürste dabei. Immer häufiger traten Malariaschübe auf, dazu kam Tuberkulose und wahrscheinlich auch Syphilis. Manchmal war sie derart abgebrannt, dass sie Freunde absichtlich zur Essenszeit besuchte, um sich zu einer warmen Mahlzeit einladen zu lassen.

Im Herbst 1902 schien sich alles zum Guten zu wenden. Ein Verleger in Algier bot ihr Kost und Logis an, wenn sie für die Zeitung *L'Akhbar* Redaktionsdienst leistete. Isabelle nahm begierig an. Wenig später kam es noch besser: Die *Dépêche Algérienne* schickte sie als Kriegsreporterin an die marokkanische Grenze, wo französische Truppen unter Colonel Lyautey Berberstämme bekämpften, welche hartnäckig die marokkanische Unabhängigkeit verteidigten.

Im Oktober 1903 traf sie in Aïn Sefra ein, was auf Deutsch «Gelber Fluss» heißt, dem letzten Außenposten der französischen Kolonialverwaltung und Garnisonsstadt der Fremdenlegion. «Bei meinem letzten Besuch in Aïn Sefra war mir die Stadt langweilig erschienen», schrieb sie ins Tagebuch, «weil der Zauber des Lichts, der strahlende Glanz gefehlt hatte, der den ganzen Reichtum afrikanischer Städte ausmacht. Und jetzt, seit ich hier in einer kleinen provisorischen Unterkunft lebe, schließe ich diese Stadt ins Herz. (…) Wie sehr liebe ich doch das satte Grün und die lebenden, von runzliger Elefantenhaut überzogenen Stämme der von bitterer Milch angeschwollenen Feigenbäume, in deren Schatten Schwärme goldschimmernder Mücken summen! Ich habe lange Stunden in diesem Garten, den ich mitten in der Wüste entdeckt habe, auf dem Rücken gelegen und das Gewirr der Äste betrachtet, die sich im Wind bewegen wie das Tauwerk eines sanft schaukelnden Schiffes, und mich regungslos träumend den Liebkosungen der milden Brise hingegeben. Hinter den letzten, schon ein wenig schmächtigen und verkrüppelten Pappeln schlängelt sich der Weg durch den Sand und endet plötzlich am Fuß der makellosen Düne, die ganz aus feinem Goldstaub zu bestehen scheint.»

Eine Weile teilte sie aus Kostengründen ein Hotelzimmer mit dem französischen Journalisten Jean Rodes. Dieser berichtete später, Isabelle habe stets auf dem Fußboden geschlafen, weil sie Betten nicht mehr gewohnt war, und abends sei sie oft mit den jungen Offizieren auf Kneipentour gegangen und habe Wetttrinken mit Kümmelschnaps, Chartreuse und Cointreau mitgemacht, was zuweilen im Straßengraben endete. Wenn die Soldaten sie dann ins Hotelzimmer zurücktrugen, wälzte sie sich stöhnend am Boden und fuchtelte in selbstmörderischer Absicht mit dem Revolver herum, wobei sie einmal um ein Haar ihren Mitbewohner erschossen hätte. Manchmal wurde ihr im Rausch auch sinnlich zumute, dann rief sie: «Je veux un tirailleur! Il me faut un tirailleur!» Und wenn sich bei solcher Gelegenheit ein französischer Offizier zum Dienst meldete, verschmähte sie ihn und verkündete, dass sie ausschließlich arabische Liebhaber akzeptiere. «Sie trank wie ein Legionär», sagte ein Bekannter, «und sie kiffte wie ein Süchtiger, und sie machte Liebe um der Liebe willen.»

Am Morgen danach war sie oft schon in der ersten Dämmerung im Sattel und brach auf zur nächsten Oase oder zum nächsten Schlachtfeld, um Reportagen zu schreiben oder im Auftrag Colonel Lyauteys mit aufständischen Berbern zu verhandeln.

Beruflich hatte sie nun Erfolg, aber er kam zu spät. «Sie beklagte sich nicht, aber man konnte ihre bittere Enttäuschung spüren», berichtete Colonel de Loustal, der sie in ihrem letzten Lebensjahr kennenlernte. «Sie erwartete nichts

mehr vom Leben. Obwohl noch keine dreißig Jahre alt, hatte ihre Erscheinung nichts Anziehendes mehr. Das Gesicht war vom Alkohol verwüstet, die Stimme rau, der Schädel rasiert und ihr Mund zahnlos.» Ende des Sommers 1904 hatte sie derart heftige Malariaschübe, dass sie nach Aïn Sefra zurückkehrte und am 1. Oktober das Militärkrankenhaus aufsuchte, das neben der Kaserne auf einer Anhöhe stand. Zwei Wochen später war sie so weit wieder hergestellt, dass sie aufstehen und kleine Spaziergänge durch den Flur unternehmen konnte.

Am Morgen des 21. Oktober beschloss Isabelle, dass es genug sei mit dem ewigen Kamillentee, den strengen Blicken der Ärzte und dem faden Essen. Slimène war angereist und erwartete sie in einem einfachen Lehmhaus, das sie in der Unterstadt gemietet hatte. Um keine verlängerte Gefangenschaft zu riskieren, wartete sie die Morgenvisite des Arztes gar nicht erst ab, sondern trat um neun Uhr früh mit ihrem Bündel ins Freie. Es war ein schwüler Morgen, über den nahen Bergen türmten sich schwarze Gewitterwolken.

11 Pierre Gilliard

Am Tag, an dem Isabelle Eberhardt in der Sahara ertrank, fuhr Pierre Gilliard im Orientexpress über Wien, Budapest und Bukarest ans Schwarze Meer, um mit einem russischen Dampfschiff zur Halbinsel Krim überzusetzen. Er trug ein keckes schwarzes Kinnbärtchen und war fünfundzwanzig Jahre alt, Sohn eines kleinen Walliser Winzers und Student der Romanistik in Lausanne. Er hatte sein Studium unterbrochen, um ein Jahr lang bei russischen Adligen als Hauslehrer Französisch zu unterrichten.

Es wird Mitte Oktober 1904 gewesen sein, als er in Jalta eintraf, wo sein Arbeitgeber, der Herzog von Leuchtenberg, stets den Winter verbrachte. Nur einen Steinwurf von dessen Villa entfernt stand das Winterpalais der Zarenfamilie, und von der palmengesäumten Promenade aus, über die schon Tschechow, Tschaikowski und Tolstoi flaniert waren, hatte man einen prächtigen Blick aufs Schwarze Meer. Hierher fuhren Offiziere auf Fronturlaub und erholungsbedürftige Damen der guten Gesellschaft; sie vertrieben sich die Zeit, indem sie ihre Hündchen spazieren führten, Ausflüge in die Gebirgsdörfer der Tataren unternahmen oder Picknicks unter staubigen Zypressen abhielten. Im ewigen Frühling der russischen Riviera herrschte eine Atmosphäre melancholischer Heiterkeit, die nichts ahnen ließ von den Schrecken, die in jenem Winter das morsche Zarenreich heimsuchten. Weil aber Pierre Gilliard Zeitung las, wusste er Bescheid über die Streiks und blutig niedergeschlagenen Hungerrevolten im kalten Norden Russlands, über die Massaker, die obrigkeitlich angezettelten Judenpogrome und die Meuterei auf dem Panzerkreuzer Potemkin sowie den Krieg gegen Japan, in dem mit industrieller Mechanik Hunderttausende von Menschen hingeschlachtet wurden.

Gilliards einziger Schüler war der vierzehnjährige Sergej de Beauharnais, achter Herzog von Leuchtenberg und Ururenkel Joséphines de Beauharnais, der Ehefrau Kaiser Napoleons, die mit Marie Grosholtz im Gefängnis gesessen hatte. Ob er ein guter Schüler war, weiß man nicht, aber mit dem Hauslehrer scheinen die Leuchtenbergs zufrieden gewesen zu sein; jedenfalls nahmen sie ihn mit, als sie Anfang Juni 1905 in dreitägiger Eisenbahnfahrt zu ihrem Sommersitz in Peterhof, dem russischen Versailles vor den Toren Sankt Petersburgs, fuhren. Und weil Sergejs Mutter eng mit Zarin Alexandra befreundet war, wurde Pierre Gilliard der Herrscherfamilie vorgestellt.

Zar Nikolaus II. ließ sein Reich mit mittelalterlicher Brutalität beherrschen, aber zu Hause war er ein schüchterner und zögerlicher Mensch, der das Entscheiden am liebsten seiner Gattin überließ. Großes Glück war kürzlich über die Familie gekommen, als nach vier Töchtern endlich Alexej, der lang ersehnte Thronfolger, das Licht der Welt erblickt hatte. Wenige Monate nach der Geburt jedoch hatte sich herausgestellt, dass der Stammhalter an der Bluterkrankheit litt, ein Erbe Königin Victorias von England, seiner Urgroßmutter mütterlicherseits. Da jedes Nasenbluten, jeder Schnitt in den Finger und jede Prellung seinen Tod bedeuten konnte, wurde er rund um die Uhr buchstäblich auf Händen getragen und strengstens überwacht. Weil sich die Krankheit immer nur von der Mutter auf den Sohn überträgt, waren seine Schwestern Olga, Tatjana, Anastasja und Maria gesund und fröhlich. Sie spielten Puppentheater, fuhren Dreirad in den unendlichen Fluren des Palasts und liefen um die Wette im Park, der so weitläufig war, dass sie nichts zu wissen brauchten von dessen hoher Umzäunung, die von der Leibwache unauffällig, aber streng bewacht wurde.

Wie es sich ergab, suchten die Romanows in jenem Sommer 1905 für die zehnjährige Olga und die achtjährige Tatjana, deren Französisch noch sehr holprig war, einen Französischlehrer. Und da Pierre Gilliard mit Sergej als einzigem Schüler nicht ausgelastet war, boten ihm Zarin Alexandra und Herzogin Anastasia von Leuchtenberg an, für beide Familien zu arbeiten. Er fuhr für einen kurzen Urlaub heim nach Lausanne, nahm auf unbestimmte Zeit Urlaub von der Universität und trat im September 1905 seine doppelte Lehrerstelle an.

Unglücklicherweise spielte sich in jenen Monaten im Haus der Leuchtenbergs ein hässliches Ehedrama ab, dem sich Gilliard nicht ganz entziehen konnte. Herzogin Anastasia war eine schöne Frau von siebenunddreißig Jahren und eine glühende Verehrerin des sibirischen Wanderpredigers Rasputin, der zu Berühmtheit gelangt war durch seine Fähigkeit, in seinem Schlafzimmer die Damen der guten Sankt Petersburger Gesellschaft von eingebildeten und tatsächlichen Krankheiten zu kurieren. Die Ehe der Leuchtenbergs wurde

1906 geschieden, und nur ein halbes Jahr später heiratete Anastasia – das war der Gipfel des Skandals – einen Onkel des Zaren, was zum endgültigen Bruch mit den Romanows führte. Auch Pierre Gilliard war die Affäre zuwider. «Ich empfinde heftigen Widerwillen gegen dieses bornierte Milieu, in dem ich vegetiere», schrieb er seiner Mutter am 22. Januar 1907, «gegen dieses künstliche, erdrückende Leben mit all seinen Intrigen und Petitessen, seinen Hässlichkeiten und Niedrigkeiten.» Und weil er in beiden Häusern von Berufs wegen ein und aus gehen musste, wurde er zeitweise zum Spielball dieser Petitessen und Niedrigkeiten. So unternahm seine Brotherrin nach dem Zerwürfnis mit den Romanows alles, ihn von den Zarentöchtern fernzuhalten. Ab Juli 1907 hatte er kein Pferd mehr und musste die vier Kilometer zwischen dem Anwesen der Leuchtenbergs und jenem der Romanows zu Fuß laufen. Im Mai 1908 verlangte sie von ihm, dass er in sechstägiger Bahnfahrt von Sankt Petersburg ans Schwarze Meer und wieder zurück fuhr, nur um zwei zusätzlich engagierte Lehrer abzuholen, wofür er bei der Zarin eine Dispens einholen musste, welche diese ihm nur stirnrunzelnd gewährte. Die Lage verbesserte sich erst 1909, als auch die zwei jüngeren Zarentöchter Anastasia und Maria ins unterrichtsfähige Alter kamen und Zarin Alexandra beschloss, Gilliard exklusiv in ihre Dienste zu nehmen.

Nunmehr allein den Romanows unterstellt, war er der bestbezahlte Lehrer Russlands, wenn nicht der ganzen Welt. Er hatte eine eigene Wohnung in Sankt Petersburg, einen Domestiken für seinen Haushalt und eine Kalesche, mit der er an fünf Tagen die Woche zum Zarenpalast fuhr. Der Unterricht dauerte von neun bis elf Uhr, dann ging man eine Stunde im Schlosspark spazieren; vor dem Mittagessen folgte eine weitere Lektion, nachmittags dann eine Schlitten- oder Autofahrt in die nähere Umgebung, bevor es von sechzehn bis neunzehn Uhr noch einmal zum Unterricht ins Studierzimmer ging.

Getreulich folgte Gilliard im Lauf der Jahreszeiten den rituellen Wanderungen der Romanows: Den Sommer verbrachte er mit ihnen in Peterhof oder auf Kreuzfahrt im Finnischen Golf an Bord der Standart, der kaiserlichen Yacht; im Herbst und im Frühling fuhr man nach Jalta, winters nach Tsarkoje-Selo, der Zarenresidenz südlich von Sankt Petersburg, wo schon hundert Jahre vor Gilliard Jean-Paul Marats jüngerer Bruder David als Französischlehrer am Gymnasium gewirkt und den halbwüchsigen Alexander Puschkin in französischer Literatur unterrichtet hatte.

Was nun die vier Mädchen betraf, so merkte Gilliard rasch, dass sie zwar gutmütige, lebenslustige und offenherzige Wesen, aber keine guten Schülerinnen waren. Die erstgeborene Olga sei zwar «intelligent und schneidig wie ein entlaufenes Pferd», berichtete er seiner Mutter, aber alle vier seien ziemlich faul und nur schwer davon zu überzeugen, dass Bildung für ihr weiteres Leben unabdingbar nötig sei. Weiter machte er die Beobachtung, dass die Königskinder bei aller Warmherzigkeit einen gewissen Hang zu Leichtigkeit und Oberflächlichkeit hatten in der Gewissheit, dass ihnen ihr ganzes Leben lang alle Menschen und Sachen selbstverständlich zur Verfügung stehen würden. Die schlechten schulischen Leistungen der Prinzessinnen machte dem Hauslehrer aber niemand zum Vorwurf; denn im Palast herrschte unausgesprochene Einigkeit darüber, dass für die Mädchen die

Paukerei ohnehin ein Ende hätte, wenn sie an europäische Königshäuser heirateten. Im Gespräch waren der Prinz von Wales und der rumänische Thronfolger.

Richtig ernst wurde es erst, als am 12. August 1912 der Zarewitsch seinen achten Geburtstag feierte und nun ebenfalls alt genug für die Schule war. Pierre Gilliard gab seine Wohnung in Sankt Petersburg auf, bezog eine Zimmerflucht im Alexanderpalast neben den Gemächern des Prinzen und machte sich an die Aufgabe, diesen zu einem würdigen Thronfolger zu erziehen. Alexej war noch immer ein blasses, kränkliches Bürschchen, das rund um die Uhr von zwei Matrosen bewacht und überallhin getragen wurde, als wäre er noch ein Säugling und könne nicht gehen, und dem man beim geringsten Unwohlsein große Mengen Aspirin verabreichte; noch nie hatte er auch nur eine Sekunde lang unbewacht spielen, einen Flur entlangrennen, auf einen Stuhl klettern können. Gilliard beobachtete, dass der kleine Prinz seine beiden Bewacher neckte, indem er absichtlich ins Wasser fiel oder sich in den Stallungen versteckte. Unter der ständigen Überwachung war er zu einem kapriziösen Kind herangewachsen, das keinerlei Disziplin kannte und Widerspruch nur schwer ertrug. «In seinen Augen hatte man mich hergeschickt», notierte Gilliard, «ihm Arbeit aufzubürden, den Willen zu brechen und ihn zu Gehorsam zu zwingen.»

Bald aber entdeckte er, dass sich «unter dem kapriziösen kleinen Wesen ein Kind mit einem großen, liebenden Herzen verbarg». Die größte Gefahr erwachse ihm, so sein Lehrer weiter, gerade aus der lückenlosen Fürsorge, die «aus dem gebrechlichen Kind einen Menschen ohne Charakter und ohne Selbstbeherrschung macht. Dem Thronfolger droht nicht nur körperliche, sondern auch moralische Behinderung».

Pierre Gilliard legte Alexejs Eltern dar, dass es im Interesse des Knaben, des Königshauses und ganz Russlands liege, den Zarewitsch zu einem reifen, selbstverantwortlichen Mann zu erziehen und ihm eine gründliche Kenntnis der Welt, des Volkes und der Menschen zu vermitteln – aus ihm also sozusagen einen mündigen Bürger zu machen. Erstaunlicherweise hieß das Herrscherpaar diese republikanische Pädagogik gut und ließ Gilliard in allem freie Hand – vielleicht, weil Zar Nikolaus II. selbst als Kind eine Erziehung erfahren hatte, die ihn in einer entrückten Welt zu einem weltfremden und lebensuntüchtigen Menschen geformt hatte.

Als Erstes schaffte Gilliard die jahrhundertealte Sitte ab, dass vor dem Zarewitsch jeder Besucher auf die Knie fallen musste. Der Prinz war glücklich darüber, denn die dauernde huldvolle Grüßerei war ihm lästig gewesen. Als Zweites ließ er die ständigen Bewacher aus dessen Umgebung entfernen, und als Drittes sorgte er dafür, dass der Bub zum ersten Mal in seinem Leben gleichaltrige Spielkameraden erhielt.

Natürlich bargen die neuen Freiheiten auch Gefahren, für die Gilliard allein die Verantwortung trug; und tatsächlich dauerte es nicht lang, bis der Zarewitsch von einer Schulbank stürzte, auf die er im Übermut gestiegen war. Es folgten Schmerzen, Blutsturz, langwierige Rekonvaleszenz – aber keine Vorwürfe seitens der Eltern, die bemerkt hatten, wie sehr ihr Jüngster unter Gilliards Erziehung aufgeblüht war.

In Frage gestellt wurden Gilliards Methoden erst, als Rasputin im Alexanderpalast auftauchte, der eine allrussische Mystik predigte und Europa, die Aufklärung und die Wissenschaften aufs Heftigste verdammte. Die Zarin nannte ihn vertraulich «Notre Ami» und beriet sich mit ihm in allen familiären und religiösen Angelegenheiten, und auch der Zar musste auf Verlangen der Zarin die wichtigsten Regierungsgeschäfte mit Rasputin besprechen. Gilliard begegnete dem legendenumrankten Mann nur einmal in einem Vorzimmer, als dieser gerade seinen Gehpelz ablegte. «Er war ein großgewachsener Mann mit hohlen Wangen und stechend graublauen Augen unter buschigen Brauen. (...) Während des Moments, da unsere Blicke sich kreuzten, hatte ich die Empfindung, einem beunruhigend bösen Wesen gegenüberzustehen.»

Argwöhnisch beobachtete Gilliard, wie Rasputin, der in ganz Russland als unersättlicher Wüstling berühmt war, die Zarentöchter abends, als sie schon im Nachthemd waren, in ihren Zimmern besuchte, und hilflos musste er mit ansehen, wie er den kranken Zarewitsch mit Gebeten, Gesängen und allerhand okkulten Ritualen behandelte. Kopfschüttelnd nahm er zur Kenntnis, dass die Zarin auf Anweisung Rasputins alle modernen Medikamente aus dem Krankenzimmer entfernen ließ – und zähneknirschend musste er zugeben, dass sich wenig später Alexej Nikolajewitschs Zustand tatsächlich erheblich besserte. Aus heutiger Sicht scheint es gut möglich, dass es der Verzicht aufs Aspirin war – dessen blutverdünnende, für Bluter lebensgefährliche Wirkung die Ärzte damals noch nicht kannten –, der zur wundersamen Heilung führte.

Kurz vor Alexej Nikolajewitschs zehntem Geburtstag brach der Erste Weltkrieg aus, und die Herrscherfamilie musste für einige Zeit nach Moskau umziehen, wo die kriegstrunkenen Menschenmassen ihren Zaren zu sehen verlangten. Während der endlosen Aufmärsche und Fahnenweihen fuhr Gilliard mit dem Zarewitsch hinauf auf den Mönchsberg. «Hier oben stand Napoleon am 14. September 1812 und betrachtete Moskau, bevor er die Stadt betrat», notierte Gilliard. Zurück im Alexanderpalast, besorgte er sich eine Karte des Generalstabs, lieh sich das Automobil des Zaren aus und fuhr mit dem Thronfolger hinaus in die Umgebung. Auf ihren Ausfahrten trafen der Lehrer und sein Schüler Bauern, Handwerker und Eisenbahnarbeiter und unterhielten sich mit ihnen, ohne dass diese ahnten, wen sie vor sich hatten; und wenn es Gilliard unterwegs gelang, die Palastwachen abzuschütteln, die ihnen stets diskret zu folgen versuchten, jauchzte der Kleine vor Vergnügen.

Im zweiten Kriegsjahr fuhren Gilliard und der Zarewitsch lange Wochen mit dem Zaren an die Front. Sie inspizierten Truppen in Reichweite feindlicher Geschütze, besuchten Lazarette, U-Boot-Flottillen am Baltischen Meer und Kosakenverbände im Kaukasus. Am 16. Dezember 1915 aber musste der Zarewitsch kräftig niesen, woraus lebensgefährliches Nasenbluten entstand, das erst drei Tage später gestillt werden konnte. Die Zarin, die Rasputin telegraphisch um wunderheilende Gebete ersucht hatte, schrieb die Genesung deren Zauberkraft zu.

Am 10. März 1917 machte im Alexanderpalast die Nachricht die Runde, dass es in den Arbeitervierteln Sankt Petersburgs Hungerrevolten gebe, die die Polizei blutig niederschlage. Am 11. März erfuhr man, dass sich der Aufstand ins Stadtzentrum ausgedehnt habe. Am 12. März erhielt Gilliard einen Telefonanruf aus der Hauptstadt, wonach mehrere

Garderegimenter zu den Aufständischen übergelaufen seien. Und als er am Morgen des 13. März wie üblich um halb zehn Uhr zum Zarewitsch wollte, der wie seine Schwestern an Röteln erkrankt war und mit hohem Fieber im Bett lag, nahm ihn die Zarin beiseite und trug ihm auf, alles für einen raschen Aufbruch vorzubereiten, da Sankt Petersburg in der Hand der Revolutionäre sei. Befehle wurden gegeben, Koffer gepackt. Bevor aber das erste Gepäckstück zum Automobil getragen werden konnte, brachte der Hausarzt die Nachricht, dass die Aufständischen alle Eisenbahnlinien besetzt hielten und eine Flucht unmöglich sei. Am Abend meuterte die Garnison von Tsarskoie-Selo, keine zwei Kilometer vom Zarenpalast entfernt, und in den Straßen wurde geschossen. Pierre Gilliard stand mit der Zarin am Fenster und beobachtete, wie die Leibgarde aufmarschierte und sich schützend vor den Palast stellte. Da klingelte das Telefon — jemand berichtete, die Meuterer seien im Anmarsch und hätten fünfhundert Meter vom Palast entfernt einen Wachposten erschossen. Kurze Zeit später standen die Leibgarde und die Aufständischen einander beidseits des Eingangsportals gegenüber. Die Nacht verging ereignislos in Erwartung eines Blutbads. Weitere zwei Tage später dankte Zar Nikolaus II. ab, und am Morgen des 21. März stellte die provisorische Regierung die Romanows unter Hausarrest. Alle Gefolgsleute und Hausangestellten, die nicht mit in Gefangenschaft gehen wollten, hatten den Alexanderpalast bis sechzehn Uhr zu verlassen.

Pierre Gilliard blieb, und mit ihm eine Handvoll Diener und Lakaien. Auf Wunsch der Zarin übernahm er die Aufgabe, dem Zarewitsch die jüngsten Ereignisse zu erklären.

«Ich ging also zu Alexej Nikolajewitsch», schreibt er in seinem Lebensbericht, «und sagte ihm, dass der Zar am folgenden Tag heimkommen und nicht mehr zum Generalstab zurückkehren werde.

‹Wieso nicht?›, fragte der Zarewitsch.

‹Weil Ihr Papa nicht länger Oberkommandierender sein möchte.›

Diese Nachricht verstörte ihn sehr, denn die Ausflüge zum Generalstab hatten ihm immer sehr gefallen. Nach einer Weile fügte ich hinzu: ‹Wissen Sie, Alexej Nikolajewitsch, Ihr Vater will auch nicht mehr Zar sein.›

Er schaute mich erstaunt an. ‹Wie? Weshalb?›

‹Weil er sehr müde ist und weil er in letzter Zeit große Schwierigkeiten gehabt hat.›

‹Ach ja! Maman hat mir erzählt, dass jemand seinen Zug angehalten hat, als er auf dem Heimweg war! Aber später wird er doch wieder Zar sein?›

Ich erklärte ihm, dass der Zar zugunsten seines Bruders abgedankt habe, der aber auf den Thron verzichte.

‹Aber wer wird dann Zar sein?›

‹Ich weiß es nicht, im Augenblick niemand.›

Kein Wort über ihn, nicht die geringste Anspielung auf seine Ansprüche als Thronfolger. Die Röte steigt dem Jungen ins Gesicht, er ist tief bewegt. ‹Aber wer wird dann Russland regieren, wenn es keinen Zar mehr gibt?›

Um 16 Uhr wurde die Palastpforte verschlossen, und wir waren Gefangene. Die Soldaten vor dem Schloss waren nun nicht mehr unsere Beschützer, sondern unsere Bewacher.»

Fünf Monate lang teilte Gilliard mit der Zarenfamilie die Gefangenschaft im Alexanderpalast. Nachdem die Zarenkinder von den Röteln genesen waren, nahm er den Unterricht wieder auf. Um sich die Zeit zu vertreiben, legte die Familie auf einem weitläufigen Rasen einen Gemüsegarten an; der Zar grub mit Gilliard die Erde um, die Zarin jätete Unkraut, die Töchter bewässerten die Beete, indem sie eine durchlöcherte Regentonne auf zwei Rädern durch den Garten zogen. Am 15. Juni vermerkte Gilliard in seinem Tagebuch stolz: «Wir haben alles mögliche Gemüse und fünfhundert Kohlköpfe.» Dann ging er mit Nikolaus ins Gehölz des Schlossparks, um trockenes Holz für den Winter zu schlagen. «Wir sind allmählich ganz geschickte Holzfäller. Das gibt einen schönen Holzvorrat für den Winter!»

Noch vor dem Herbst aber, am 14. August um sechs Uhr morgens, mussten die Romanows ihr herrschaftliches Gefängnis auf Befehl der Revolutionäre verlassen. In fünftägiger Fahrt wurden sie nach Tobolsk in Sibirien gebracht und in der ehemaligen Gouverneursresidenz untergebracht, wo sie neun Monate lang unter scharfer Bewachung lebten. Pierre Gilliard unterrichtete die Kinder, so gut es ging. Anfang Winter baute er ihnen in tagelanger Arbeit einen baumhohen Schneehügel, den sie hinunterrutschen konnten. Als der Frühling kam, brachten die Soldaten sie wieder zur Eisenbahn. Gilliard wollte wie üblich mit den Zarenkindern in der ersten Klasse reisen, wurde von den Soldaten aber derb in die vierte Klasse bugsiert. Als der Zug am 22. Mai um neun Uhr morgens in Ekaterinenburg hielt, sah er seine Schützlinge ein letztes Mal. Als Erster zog der Zarewitsch an seinem Fenster vorbei. Er war krank und musste von

einem Diener getragen werden. Dann folgten Olga, Tatjana, Anastasja und Maria, alle beladen mit schweren Koffern; Tatjana trug zusätzlich ein kleines Hündchen auf dem Arm. «Ich wollte aussteigen, wurde aber vom Wächter brutal in den Wagen zurückgestoßen.»

Pierre Gilliard blieb noch zwei Jahre in Sibirien. Er suchte das letzte Gefängnis der Romanows auf und fotografierte den Keller, in dem die Familie samt den letzten verbliebenen Gefolgsleuten von den Bolschewiken erschossen worden war, und er fand die Überreste der Scheiterhaufen, auf denen man ihre sterblichen Überreste verbrannt hatte. Da ihm der Heimweg westwärts durchs kriegsversehrte Europa verwehrt war, fuhr er mit Alexandra Teglewa, der Gouvernante der Zarentöchter, die er seit Jahren heimlich geliebt hatte, immer weiter ostwärts durch Sibirien bis nach Wladiwostok und von dort mit dem deutschen Passagierschiff Kronprinzessin Cäcilie, das die USA als Flüchtlingstransporter requiriert hatten, über Japan und Panama bis nach Triest, wo sie am 9. August 1920 eintrafen. Pierre Gilliard heiratete Alexandra Teglewa und führte sein Studium zu Ende, wurde Professor in Lausanne und starb am 30. Mai 1962 kurz nach seinem dreiundachtzigsten Geburtstag.

12 Fritz Zwicky

In jenem Jahr 1904, in dem Isabelle Eberhardt in der Sahara ertrank und Pierre Gilliard im Orientexpress nach Russland fuhr, reiste in entgegengesetzter Richtung von Sofia über Belgrad, Budapest und Wien ganz allein ein sechsjähriger Junge nach Zürich, den die Eltern für die dreitägige Fahrt vertrauensvoll der Obhut des Schaffners übergeben hatten. Fritz Zwicky war der Sohn eines Schweizer Baumwollhändlers, der seit vielen Jahren Geschäfte in Bulgarien machte und seinen Erstgeborenen nun nach Glarus zu den Großeltern an die Burgstraße 57 schickte, damit ihm an einer Schweizer Schule bei Schweizer Lehrern eine gut schweizerische Ausbildung zuteil werde. Freundliche Menschen und großartige Berge hätten ihn einigermaßen für die Trennung von den Eltern entschädigt, schrieb Fritz Zwicky ein halbes Jahrhundert später in seinen Lebenserinnerungen. Derart früh zu seelischer Selbständigkeit gezwungen, entwickelte er sich zu einem selbstbewussten, zielstrebigen Burschen, der nicht anders konnte, als in allem immer schneller, immer weiter, immer höher hinauszuwollen. In der Schule hatte er vom ersten Tag an nur Bestnoten, und in der Freizeit spielte er mit Polizisten und Holzfällern Karten, las Indianerbücher und Nietzsche und unternahm bald erste Bergtouren auf eigene Faust; manchmal saß er mit Freunden auf einer Parkbank im Volksgarten und philosophierte, wobei er meist als Einziger redete und die anderen ihm beeindruckt zuhörten. Für Fritz war es unverständlich, dass irgendjemand auf der Welt irgendetwas nicht kapieren konnte; trotzdem half er seinen Schulkameraden bereitwillig und geduldig bei den Hausaufgaben. Mit fünfzehn Jahren war er im Städtchen berühmt dafür, dass er den Lehrern knifflige Fragen stellte, welche diese nicht beantworten konnten, er selbst aber schon. Das blieb auch so, als er ans Gymnasium nach Zürich wechselte. Im Stenographieunterricht gab er sich nicht damit zufrieden, einfach nur Buchstaben und Silben zu kürzen, sondern erfand Kürzel für Tausende von Wörtern, dann auch Symbole für stereotype Sätze, wie sie die Menschen nun mal von sich geben, und schließlich sogar Zeichen für ganze Abfolgen von Sätzen. «Auf diese Weise schlachtete ich die Sprache zusammen», schrieb er, «dass ich mit 17 Jahren zum schweizerischen Meister in deutscher und französischer Stenographie aufrückte.» Die Matura bestand er ohne Anstrengung mit 82,5 von 84 möglichen Punkten – das hatte in der hundertfünfzigjährigen Geschichte der Schule noch niemand erreicht.

1917 ging er an die Eidgenössische Technische Hochschule ETH, um bei Auguste Piccard und Albert Einstein Physik zu studieren – aber auch das füllte ihm die Tage nicht richtig aus. Einmal bemerkte er gegenüber Einstein, der gerade stark mit der Krümmung von Raum und Zeit beschäftigt war, «dass er wohl auf diese Art kaum weiterkommen würde. In der Tat deutete ich an, dass, wenn ich etwas Glück hätte, es mir eher selbst vielleicht gelingen könnte, aus allgemeinen Prinzipien die nötigen Feldgleichungen sowie allerlei konkrete Einzelresultate abzuleiten und Entdeckungen und Erfindungen zu machen». Einstein habe «ob solcher Überheblichkeit eines Studenten aus dem kleinen, dunklen Bergkanton Glarus» gutmütig gelacht, fügte Zwicky hinzu.

Nach dem Studienabschluss erhielt er eine Stelle als Assistent am Physikalischen Institut der ETH und schrieb eine Doktorarbeit über die Reißfestigkeit von Steinsalz-Einkristallen bei unterschiedlichen Temperaturen – und weil ihm auch das noch nicht genügte, unternahm er an den Wochenenden mit Studienfreunden Bergtouren in die Glarner Alpen. «Nicht-Alpinisten fragen immer wieder, warum wir denn wie die Irrsinnigen in die Berge stürmen», heißt es in einer seiner Schriften. «Im täglichen Leben wie auch in der Wissenschaft begegnet man selten Problemen, die man allein, vollkommen und in kurzer Zeit bewältigen kann. Wir dürsten deshalb nach Leistungen, die wie ein Kunstwerk abgeschlossen werden können, die wir allein vollbracht haben und die uns niemand streitig machen kann. Die Erstbesteigung eines Berges oder die Begehung einer neuen, schwierigen Route stellen eine solche Leistung dar.»

Auf die Gipfelstürmerei folgte aber stets der Abstieg, und am Montagmorgen hatte Zwicky jeweils wieder den Professoren und Studenten zu Diensten zu sein. Am Dienstag, dem 25. August 1925, erhielt er die Aufgabe, einen Besucher aus Amerika durchs Institut zu führen. Der Mann war leutselig und interessiert, hieß Wickliff Rose und war Präsident der John D. Rockefeller Foundation – jener Stiftung also, die der reichste Mensch aller Zeiten gegründet hatte, um das Wohl der Menschheit auf der ganzen Welt zu fördern. Nach der Führung fragte er Zwicky, ob er mit einem Rockefeller-Stipendium nach Amerika gehen wolle.

Natürlich wollte Zwicky das.

Vier Tage später meldete er sich bei der Zürcher Einwohnerkontrolle ab, um als Forscher ans California Institute of Technology (Caltech) in Pasadena, einem Vorort von Los Angeles, zu reisen. Er fuhr über Paris nach Cherbourg, dann mit der SS Lapland nach New York. Dass die Überfahrt in die Neue Welt ihn über die Maßen fasziniert hätte, kann man nicht sagen. Auf dem Schiff habe er sich gründlich gelangweilt, berichtete er nach Hause; seekrank sei er zwar nicht geworden, dies könne auf zwanzigtausend Tonnen nur ganz schwachen Gemütern geschehen, aber wegen des schlechten Wetters habe er nicht an Deck gehen können, und die Gesellschaft unten sei andauernd so blöd gewesen, dass er sich vorgenommen habe, nie mehr auf einem englischen Schiff zu reisen.

In Pasadena angekommen aber hatte es mit der blöden Gesellschaft fürs Erste ein Ende, denn am Caltech herrschte ein stetes Kommen und Gehen großer Forscher und hoffnungsvollen wissenschaftlichen Nachwuchses. Schon in den ersten Monaten arbeitete Zwicky mit dem Quantenmechaniker Max Born zusammen, dann mit dem berühmten Aerodynamiker und Windtunnelspezialisten Theodore von Karman, und bald auch wieder mit Albert Einstein, der für ein halbes Jahr einer Einladung ans Caltech gefolgt war. Nach Ablauf seines Stipendiums wurde Zwicky Assistenzprofessor und hielt Vorlesungen in Atomphysik; seine Studenten liebten ihn, weil er geistreich und witzig war. Allerdings wunderten sie sich, dass ihr Professor, während er an der Wandtafel Formeln notierte, ständig in einer fremdländischen Sprache vor sich hin murmelte. Um das Rätsel zu lösen, schleusten sie eines Tages einen Schweizer in die Vorlesung, der hernach zu Protokoll gab, dass es sich beim Gemurmel um Glarner Dialekt handle und dass Zwicky in mantrischer Wiederholung und geringfügiger Variaton eigentlich immer nur «Ihr dummä Siächä, das verschtünd ihr ja eh nüd» sage.

Damit ihm während der Wochenenden und in den Ferien nicht langweilig wurde, unternahm er Bergtouren in die Rocky Mountains. Im zweiten Jahr tauchte sein Name zum ersten Mal in der Zeitung auf, weil er als erster Mensch versuchte, Mount Whitney, den höchsten Berg der USA außerhalb Alaskas, im Winter zu besteigen. Ein zweites Mal machte er Schlagzeilen in der *Pasadena Post*, weil er im Death Valley mit Skiern eine Sanddüne hochkletterte «und entdeckte, dass man auf Sand genauso gut Ski fahren kann wie auf Schnee». Und wenig später vermeldete dieselbe Zeitung in fetten Lettern die Vermählung Professor Fritz Zwickys mit Dorothy Vernon Gates, deren Vater Senator des Staates Kalifornien und einer der wichtigsten Wirtschaftsführer gewesen war.

Noch vor dem fünfunddreißigsten Geburtstag hatte Fritz Zwicky in allen Bereichen seines Lebens den Gipfel erreicht. Er war Professor an einer der angesehensten Hochschulen der Welt, wurde von Wissenschaftsmagazinen als einer der führenden hundertfünfzig Physiker Amerikas aufgelistet und war in der Presse bekannt als kühner Bergsteiger. Er war mit einer schönen jungen Frau aus den allerbesten Kreisen verheiratet, die mit Theodore Roosevelt und um sieben Ecken herum sogar mit Franklin D. Roosevelt, dem aktuellen Präsidenten der USA, verwandt war, und er lebte in einem schönen Haus in Sichtweite Hollywoods und des Pazifischen Ozeans.

Aber irgendwie war ihm das alles noch immer nicht genug. Es mag 1933 gewesen sein, als er zu seinem Chef, dem weltberühmten Astrophysiker und Nobelpreisträger Robert A. Millikan, ins Büro ging und in seinem knorrig-alpinen Englisch sagte: «Sir, ich habe alle Ihre Schriften gelesen und alle Vorträge gehört, die Sie jemals gehalten haben, und ich muss Ihnen sagen, dass Sie noch nie eine eigenständige Idee geäußert haben.»

«So, so», sagte Millikan, der nebst vielen anderen Auszeichnungen auch schon den Nobelpreis für seine Arbeit über die elektrische Elementarladung erhalten hatte. «Und wie, junger Mann, steht es mit Ihnen?»

«Ich habe jedes zweite Jahr eine originelle Idee», antwortete Zwicky. «Geben Sie mir ein Thema, ich bringe die Ideen.»

«All right, junger Mann», sagte Millikan. «Astrophysik.»

Von jenem Tag an beschäftigte sich Zwicky nicht mehr mit der Quantenmechanik von Atomen und Metallen, sondern vertiefte sich in die Tiefen des Universums und machte sein Versprechen wahr, der Wissenschaft jedes zweite Jahr eine originelle Idee zu präsentieren. Ein erstes Mal schreckte er die Fachwelt am 8. Dezember 1933 mit der Theorie auf, dass die kosmische Strahlung, die man auf Erden hauptsächlich als Knistern im Radiogerät wahrnahm, von rasch zerfallenden Supersternen – sogenannten Supernovae – herrühre, die hundert Millionen Mal stärker leuchten als die Sonne. Zwei Jahre später sorgte er landesweit für Aufregung, als er in einem Radiointerview voraussagte, dass in ein paar Milliarden Jahren die Sonne explodieren und die Erde zu einer heißen Gaswolke zerstieben werde. Weitere zwei Jahre später entdeckte er die ersten drei Supernovae mit dem 18-Zoll-Schmidt-Teleskop auf Mount Wilson unweit von Pasadena, und noch mal zwei Jahre später, im Frühjahr 1939, begann er mit der Suche nach schwachen blauen Sternen und berechnete das Alter des Weltalls auf zehn hoch achtzehn Jahre.

Aber dann begann am 2. September 1939 der Zweite Weltkrieg, und die Welt verlangte von Fritz Zwicky originelle Ideen ganz anderer Art. Er leistete fünfhundert Tage Dienst im Zivilschutz von Pasadena, entwarf und baute einen Entgiftungswagen, der nach einem Angriff auf die Vereinigten Staaten von Amerika wie ein Staubsauger Kampfgase und Radioaktivität aus den Straßen und Häusern entfernen sollte, und vergiftete sich selbst bei Versuchen mit Kampfgasen. Um den amerikanischen Rückstand auf die deutschen Raketenbauer um Wernher von Braun aufzuholen, entwickelte er Düsenantriebe für die Streitkräfte; hundertzwanzig Raketeningenieure arbeiteten für ihn. Zur gleichen Zeit verabschiedete sich seine Frau Dorothy vom ehelichen Heim, um ihre krebskranke Mutter bis zum Tod zu pflegen. Dass er fast ein Jahr lang ohne die Gattin zurechtkommen musste, nahm Zwicky hin – unerträglich für ihn als Wissenschaftler aber war, dass Dorothy und ihre Mutter, beides Anhängerinnen der Freikirche «Christliche Wissenschaft», im Kampf gegen den Krebs jede medikamentöse Behandlung ablehnten und das Heil bis zum elenden Ende in Gebet, Gesang und Bibellektüre sahen. Wegen ihrer gegensätzlichen Weltsichten ließen sich Fritz und Dorothy einvernehmlich scheiden. Sie blieben aber Freunde, die sich auch später, als sie beide wieder verheiratet waren, gelegentlich zum Abendessen trafen.

Als der Krieg dem Ende zuging und die Erbauer der sagenhaften deutschen Raketen in Gefangenschaft gingen, schickte das Pentagon Fritz Zwicky im April 1945 nach Europa, da er einer der wenigen amerikanischen Raketenspezialisten mit guten Deutschkenntnissen war. In der Uniform eines Obersts der US-Streitkräfte reiste er kreuz und quer durchs kriegszerstörte Deutschland von einem Internierungslager zum nächsten. Er unterhielt sich von Wissenschaftler zu Wissenschaftler mit Wernher von Braun und dessen Männern über deren Wunderwaffen, besorgte ihnen bessere Verpflegung und bot ihnen an, gemeinsam in Amerika an einer weiteren Verbesserung der Raketentechnik zu arbeiten.

Zwicky kehrte nach Kalifornien zurück und schrieb einen Bericht ans Verteidigungsministerium, worauf die US-Navy hundert deutsche V2-Raketen, die man in deutschen Arsenalen hatte finden können, samt Wernher von Braun und hundert Mitarbeitern zum Raketentestgelände White Sands in New Mexico bringen ließ, wo am 16. Juli 1945 die erste Atombombe gezündet worden war.

Neidvoll mussten die amerikanischen Raketenbauer anerkennen, dass die V2 höher, weiter und schneller flog als alles, was sie selbst gebaut hatten. Da nun der Krieg vorbei war und hundert V2 zum Greifen nahe waren, konnte es nicht ausbleiben, dass Fritz Zwicky wieder einen Geistesblitz hatte. «Dachte an eine gerichtete Ladung mit einem Stück Eisen drin, das in die Nase einer V2 montiert wird», notierte er im Tagebuch. «Wenn die Ladung am höchsten Punkt der Flugbahn der V2 gezündet wird, könnte das Eisenstück genügend Geschwindigkeit haben, um von der Erde fort-zufliegen.» Mit einem solchen Schuss in den Weltraum, so dachte sich Zwicky, könnte man den ersten künstlichen Meteor schaffen – also das erste von Menschenhand stammende Objekt, das für immer die Erde verlässt.

Ein paar Tage später unterbreitete er die Idee seinem obersten militärischen Vorgesetzten, Generalmajor G. M. Barnes. Der fand die Idee gut und veranlasste, dass Zwicky für seinen Versuch eine deutsche V2 zugesprochen erhielt – aber nur eine.

Zwicky stürzte sich mit Feuereifer in die Arbeit, erprobte verschiedene Treibstoffe und Materialien und versuchte zu errechnen, welche Geschwindigkeit seine Projektile benötigen würden, um auf Dauer die Anziehungskraft der Erde zu überwinden. «Nicht jeder geworfene Stein muss fallen», schrieb er in einem Aufsatz, der am 17. November 1946, als Zwicky in der Schweiz zu Besuch war, in der *Neuen Zürcher Zeitung* erschien. Darin ließ er durchblicken, dass er sich keineswegs damit begnügen werde, kleine Metallkugeln ins Universum zu schießen; in einem weiteren Schritt werde man «Raketen lancieren, die Instrumente mitschleppen und die zurückmelden, was der Mensch wissen muss, bevor er selbst die Reise antreten kann, ohne zurückzufallen oder raffinierten Selbstmord zu begehen». Und am Ende, wenn der Mensch genügend Kenntnisse gesammelt habe, werde er selbst die Erde verlassen.

Leider nahmen die Menschen Zwickys Träume von inter-galaktischen Reisen nicht ernst. Mitleidig belächelt habe man ihn, berichtet er bitter in *Jeder ein Genie*, als er seinen Marsch ins Weltall den Wissenschaftlern an der ETH Zürich vorstellte. Enttäuscht kehrte er, der seine alte Heimat mit Atomwaffen und modernsten Raketen hatte ausstatten wollen, zurück nach Amerika.

Aber dann kam der 17. Dezember 1946 – der große Tag, an dem «seine» V2 abschussbereit auf dem Prüfgelände von White Sands in New Mexico stand. In ihre Spitze eingebaut waren sechs Gewehrgranaten, die siebzig, achtzig und neunzig Sekunden nach dem Start je eine Stahlkugel in entgegengesetzten Richtungen abschießen sollten. Tatsächlich startete die Rakete um 10.12 Uhr und schoss bei einer Höchstgeschwindigkeit von fünftausendsiebenhundertsechzig Stundenkilometern hinaus in den wolkenlosen Wüstenhimmel bis in hundertachtzig Kilometer Höhe – aber dort zündeten wegen eines technischen Versagens die Granaten nicht, und die künstlichen Meteore fielen samt der Rakete zurück zur Erde.

Einem Journalisten, der ihn fragte, was denn der Zweck dieser Schießerei sein solle, antwortete Zwicky trotzig: «Erst schießen wir einen kleinen Klumpen ins Weltall, dann einen größeren, dann eine Ladung von Instrumenten und zuletzt uns selbst.»

Als Wissenschaftler war Zwicky es gewohnt, dass der erste Versuch eines Experiments misslingt und einen zweiten, dritten, zehnten Anlauf nötig macht. Die militärische Führung aber wollte ihm aus Kostengründen keine weitere V2 zur Verfügung stellen. Zwicky verhandelte, argumentierte, bettelte – vergeblich. «Die Überwindung der Bürokratie ist allerdings schwerer als diejenige der Gravitation der Erde», schrieb er heim nach Glarus.

Weil die Kleingeister und Beamtenseelen ihm die Gefolgschaft verwehrten, machte Zwicky sich endgültig von ihnen frei. Seinen Verpflichtungen als Professor am Caltech kam er zwar weiterhin nach, aber in der übrigen Zeit ließ er seiner astrophysikalischen Phantasie nun freien Lauf. Als einer der ersten Wissenschaftler der Welt sprach er ernsthaft davon, ein Raumschiff mit Menschen auf den Mond zu schießen. Dann schlug er vor, dass man den Mond mit einer Zweistufenrakete, die eine Wasserstoffbombe in der Nase trage, beschießen müsste, weil bei der Explosion Mondbrocken freigesprengt würden, welche auf die Erde fallen und untersucht werden könnten; um sie beim Fallen beobachten zu können, regte er die Verwendung eines fluoreszierenden Pulvers in der Sprengladung an, was zur Folge hätte, dass die Brocken eine leuchtende Spur hinterlassen würden.

Danach befasste sich Zwicky auch mit dem Rest des Sonnensystems. Bald kam er auf die Idee, eine ähnliche, aber weit stärkere Raketenbombe auf den Jupiter abzuschießen und diesen so aus seiner Umlaufbahn zu werfen – der ganze Planet oder große Stücke davon könnten damit auf eine Bahn um die Sonne gebracht werden, die etwa mit derjenigen der Erde vergleichbar wäre, worauf sich dessen Oberflächentemperatur nach Belieben regulieren ließe. Danach könnte der neue Planet bewohnbar gemacht werden, die Überbevölkerung auf der Erde wäre erledigt. «Wir haben das Problem der Rassentrennung auf der Erde», sagte Zwicky, «einige Rassen scheinen sich mit den anderen nicht zu vertragen. Was läge näher, als eine davon auf einen anderen Planeten zu schicken?»

Jahr um Jahr verging, Zwicky schrieb einen Aufsatz nach dem anderen, die in seriösen Zeitschriften zu veröffentlichen ihm immer schwerer fiel — und zu seinem Unglück zog die militärisch-politisch-wissenschaftliche Führung der Vereinigten Staaten keines seiner Projekte ernsthaft in Erwägung. Der Krieg war vorbei, die Menschen fuhren Cadillac und tanzten Rock'n'Roll und wollten nichts mehr wissen von Bomben und Raketen. Zwicky geriet in Vergessenheit, seine Forschungsgelder wurden immer weiter gekürzt — auch deshalb, weil er, der im Kalten Krieg als Ausländer nicht mehr als unbedenklich galt, sich hartnäckig weigerte, die US-amerikanische Staatsbürgerschaft anzunehmen.

Am 4. Oktober 1957 aber versetzte ein eintöniges Piepsen, das man mit jedem Kurzwellenradio überall auf der Welt empfangen konnte, Amerika in Aufregung. Die Sowjetunion hatte Sputnik 1 in den Orbit geschossen, eine 83,6 Kilogramm schwere Stahlkugel, die nur sechundneunzig Minuten brauchte, um den Globus einmal zu umrunden. Amerika war alarmiert. Wenn die Russen dazu fähig waren, konnten sie auch Raketen und Bomben bauen, die von Sibirien über den Nordpol bis nach Amerika flogen.

Nun ging alles sehr schnell. Schon eine Woche nach Sputniks erster Erdumrundung war Fritz Zwicky auf dem Testgelände in White Sands in New Mexico, wo bereits eine Rakete für ihn bereitstand — diesmal keine V2, sondern eine kleine, acht Meter lange, in Kalifornien gebaute Aerobee-Rakete. In deren Spitze fügte Zwicky eine Art Blasrohr ein, das eine Mischung von Titan- und Mangandioxid als Antriebsstoff sowie ein Stahlkügelchen von einem Zentimeter Durchmesser enthielt. Vier Tage später, am 16. Oktober 1957 um 10.05 Uhr abends, erfolgte der Start. Der Treibstoff in der Rakete brannte fünfundvierzig Sekunden; nach weiteren zehn

Sekunden wurde die Spitze der Rakete abgesprengt und flog noch sechsunddreißig Sekunden weiter, bis in sechsundachtzig Kilometern Höhe Zwickys Blasrohr gezündet wurde. Es entstand ein grüner Blitz, den in tausend Kilometern Entfernung Zwickys Kollegen auf dem Mount Wilson durchs Teleskop fotografieren konnten. Die Fotos bewiesen, dass Zwickys Stahlkügelchen eine Geschwindigkeit von über fünfzehn Kilometern pro Sekunde erreichte und damit als erstes künstliches Objekt das Gravitationsfeld der Erde für immer verlassen hatte. Wohin das Kügelchen flog, wird man nie wissen. Am wahrscheinlichsten ist, dass es, falls es nicht auf den Mond, den Mars, Merkur oder die Venus niederfiel, nach ein paar Jahren Flug ins Gravitationsfeld der Sonne geriet und verdampfte. Nicht auszuschließen ist aber, dass es an allen Monden und Planeten vorbei hinaus in den interstellaren Raum schoss und seine Reise noch Jahrmillionen fortsetzen wird.

Literaturverzeichnis

Vorwort

Corina Bucher, *Christoph Kolumbus. Korsar und Kreuzfahrer*, Darmstadt 2006, S. 14 ff.: «Rätselhafte Herkunft».

Alex Capus, «Mein Ausflug mit Prinz Charles. Eine wahre Geschichte», in: *Das Magazin*, Berlin, Heft 1/2003, S. 32–35.

Martin Eduard Fischer, «Gästebücher der Bergwirtschaften auf Frohburg und Wartburg-Säli», in: *Oltner Neujahrsblätter*, 2006.

Karl Meyer, «Lenin war vor 70 Jahren in Olten», in: *Oltner Neujahrsblätter*, 1986, S. 24 f. Mein Großvater Ernst Bruderer (1899–1995) hat übrigens oft und gern erzählt, dass er 1916 als Student des Lehrerseminars Solothurn fünfunddreißig Kilometer nach Olten geradelt sei, um Lenins Ansprache im Volkshaus zu hören. Historisch lässt sich die Ansprache im Volkshaus nicht nachweisen, wobei zu sagen ist, dass Lenin in der Schweiz oft konspirativ und inoffiziell in Erscheinung trat, um nicht den Argwohn der Behörden zu wecken.

1 Madame Tussaud

Philippe Ariès, Georges Duby (Hg.), *Histoire de la vie privée. De la révolution à la Grande Guerre*, Paris 1987.

Kate Berridge, *Madame Tussaud. A Life in Wax*, London 2006.

Leonard Cottrell, *Madame Tussaud*, London 1951.

Ernst Gagliardi, *Geschichte der Schweiz*, Zürich 1934/37.

Georg Wilhelm Friedrich Hegel, «Vertrauliche Briefe über das vormalige staatsrechtliche Verhältnis des Waadtlandes (Pays de Vaud) zur Stadt Bern», in: *Werke in zwanzig Bänden*, Frankfurt/Main 1970, Bd. I, S. 255–267.

Francis Hervé (Hg.), *Madame Tussaud's Memoirs and Reminiscences of France, Forming an Abridged History of the French Revolution*, London 1838.

Anita Leslie, Pauline Chapman, *Madame Tussaud. Waxworker Extraordinary*, London 1978.

Teresa Ransom, *Madame Tussaud. A Life and a Time*, London 2003.

Thomas Warndorf, «Philipp Wilhelm Mathias Curtius aus Stockach, Begründer des Wachsfigurenkabinetts Tussaud», in: *Hegau. Zeitschrift für Geschichte, Volkskunde und Naturgeschichte des Gebietes zwischen Rhein, Donau und Bodensee*, Jahresheft 1979/80.

Akten aus den Archiven von Bern, Paris, Stockach, Strassburg, und Versailles.

2 Jean-Paul Marat

Jean Bernard (Hg.), *Marat, homme de science?*, Paris 1993.

Alfred Bougeart, *L'Ami du peuple*, Paris 1865.

Clifford D. Conner, *Jean-Paul Marat. Scientist and Revolutionary*, New Jersey 1997.

Olivier Coquard, *Marat*, Paris 1993.

Charlotte Goëtz, *Marat en famille: la saga des Mara(t)*, 2 Bde., Brüssel 2001.

Louis Gottschalk, *A Study of Radicalism*, NewYork/London 1927.

Ders., *The Life of Jean-Paul Marat*, Girard, Kansas, 1923.

Jean-Paul Marat, *Œuvres Politiques 1789–1793*, 10 Bde., Brüssel 1989–1995.

Pierre Meller, *Essais généalogiques: la famille Nairac*, Bordeaux, undatiert.

Charles Reber, *Un homme cherche la liberté: Jean-Paul Marat*, Boudry-Neuchâtel 1950.

Daniel Reverdin, *Les mariages de Français protestants à Nyon de 1730 à 1790*, Nyon 1991.

Marie Tussaud, *Memoirs and Reminiscences of the French Revolution*, Philadelphia 1839.

3 Regula Engel

Regula Engel, *Die schweizerische Amazone. Abentheuer, Reisen und Kriegszüge einer Schweizerin durch Frankreich, die Niederlande, Aegypten, Spanien, Portugall und Deutschland, mit der franz. Armee unter Napoleon. Von ihr selbst geschrieben und herausgegeben von einem ihrer Anverwandten*, 2. verbesserte Aufl., St. Gallen 1825.

Dies., *Die schweizerische Amazone. Zweyter Theil*, Zug 1828.

Hortensia Gugelberg u. a., *Schweizer Frauen der Tat 1659–1827*, Zürich 1929.

Ursula Isler, *Frauen aus Zürich*, Zürich 1991.

S. D. Steinberg (Hg.), *Regula Egli. Lebensbeschreibung der Wittwe des Obrist Florian Engel 1761–1855*, Zürich 1914.

Taufbuch des Großmünsters, Archiv der Stadt Zürich.

Zürcher Spitalbücher, Staatsarchiv des Kantons Zürich.

4 Ferdinand Hassler

Florian Cajori, *The Chequered Career of Ferdinand Rudolf Hassler*, Boston 1929.

Rudolf Wolf, *Geschichte der Vermessungen in der Schweiz*, Zürich 1879.

Ders., *Biographien zur Kulturgeschichte der Schweiz*, Zürich 1859.

Emil Zschokke, *Ingenieur F. R. Hassler von Aarau*, Aarau 1877.

Biographische Notizen zu Jacques Marcel aus dem Stadtarchiv Lausanne.

Harper's New Monthly Magazine, März 1879, Nr. CCCXLVI, Bd. LVIII, «Ferdinand Hasslar (sic) – First Superintendent of the Coast Survey».

Hasslers Korrespondenz (Ford Collection, New York Public Library, hier zitiert nach Cajori).

Präsident Jeffersons Briefe an Ferdinand Hassler. Library of Congress, Washington D. C. (online abrufbar: http://lcweb2.loc.gov/ammem/collections/jefferson_papers/

Über Jacques Marcel: Familienarchiv der Familie Marcel im Staatsarchiv des Kantons Waadt (Fond PP 416).

5 Samuel Johann Pauli

Joel Benton, *The Life of Phineas T. Barnum*, Philadelphia 1891.

Hans R. Degen, «Samuel Johann Pauli», in: *Schweizer Flugtechniker und Ballonpioniere. Schweizer Pioniere der Wirtschaft und Technik*, Bd. 63, Meilen 1996.

Ders., «Die Solothurner Büchsenmacherdynastie Egg», in: *Jahrbuch für Solothurnische Geschichte*, Bd. 69.

Ders., *Vom Ancien Régime in die Moderne. Schweizer Auswanderer schreiben Technikgeschichte*, Privatdruck, undatiert.

Jules-François Dupuis-Delcourt, *Nouveau manuel complet d'Aérostation ou guide pour servir à l'histoire et à la pratique des ballons*, Paris 1850.

Ernst Grunder, *Geschichte der Gemeinde Vechigen*, Bern 1903.

H. E. Hodgson, *History of Aeronautics in Great Britain*, London 1924.

Peter Müller, Fritz Althaus, Samuel Veraguth u. a., *Geschichte der Gemeinde Vechigen*, Bern 1995.

Jürg Stüssi-Lauterburg, Hans Luginbühl, *Vivat das Bernbiet bis an d'r Welt ihr End! Berns Krieg im Jahre 1798 gegen die Franzosen*, Baden und Lenzburg 2000.

Tageszeitungen
Journal de Paris, du 19 brumaire an 14 (4.11.1805).
La Quotidienne, Paris, 28.8.1818.
The Observer, London, 16.8.1816.

Nicht publizierte Quellen
Michel Ney, *Memoiren*, Archives Nationales de France, Paris (A. N. 137 AP/3 11*, S. 135, inédit.).

Library of Congress, Washington D. C., Manuscript Division, Tissandier Papers: Box 22, Folder 25 Dupuis-Delcourt Aeronauts, Egg, Durs, 1817–1824; Box 23, Folder 24 Dupuis-Delcourt Aeronauts, Pauly, John, 1805, 1815; Box 22, Folder 9 Dupuis-Delcourt Aeronauts, Bollé, Aymé, 1817–1836; Box 25, Folder 5, Dupuis-Delcourt: zwei Zeichnungen des Fliegenden Fisches.

6 Hans Jakob Meyer

Richard Brewer, *The Greek War of Independence*, New York 2001.

Robert Dünki, *Aspekte des Philhellenismus in der Schweiz 1821–1830*, Bern 1984.

Richard Edgcumbe, *Byron. The Last Phase*, London 1909.

Johann Daniel Elster, *Das Bataillon der Philhellenen*, Baden 1828.

Ders., *Die Irrfahrten des Daniel Elster*, Stuttgart o. J.

George Finlay, *A History of Greece VI: From Its Conquest by the Romans to the Present Time, B. C. 146 to A. D. 1864*, Bd. VI, S. 397, London 1877.

Count Peter Gamba, *A Narrative of Lord Byron's Last Journey to Greece*, London 1825.

James Kennedy, *Conversations on Religion with Lord Byron and Others*, Philadelphia 1833.

Leslie A. Marchand, *Byron. A Portrait*, Chicago 1970.

Dies., *For Freedom's Battle. Byron's Letters and Journals*, Cambridge 1981.

Emil Rothpletz, *Der Schöfflisdorfer Philhellene Johann Jakob Meyer (1798–1826)*, Basel 1931.

Gustav Schirmer, *Die Schweiz im Spiegel englischer und amerikanischer Literatur bis 1848*, Zürich 1929.

Alfred Stern, *Der Zürcherische Hülfsverein für die Griechen*, Zürich 1926.

Anonym, «Johann Jakob Meyer, un héros national de la Grèce», in: *Echo Suisse/Schweizer Echo Nr. 9/10*, Sept./Okt. 1926.

Neue Zürcher Zeitung 19.9.1821, 29.9.1821, 17.6.1826, 23.5.1926, 18.8.1930, 23.5.1826, 29.3.1930, 3.3.1926, 20.2.1926.

Tauf-, Ehe- und Familienbücher im Staats- und im Stadtarchiv Zürich.

7 Maria Manning

Michael Alpert, *A Victorian Murder Story*, London 2004.

Albert Borowitz, *The Woman who Murdered in Black Satin*, Columbus, Ohio 1981.

Scotland-Yard-Dossier des Manning-Falls, Public Record Office, London.

Verbatim Report of the Trial of George and Maria Manning, for the Murder of Patrick O'Connor, London 1849.

Zentralgericht London (Old Baileys), Protokolle 1848–1849, S. 654–679, The National Archives, London.

8 Adolf Haggenmacher

Max Baumann, «Der Afrikaforscher Adolf Haggenmacher von der Limmatau bei Lauffohr», in: *Brugger Neujahrsblätter*, 1981.

Briefe Adolf Haggenmachers und seiner Angehörigen, von der Familie zur Aufbewahrung übergeben an Max Baumann, Historiker in Stilli AG.

Gustav Adolf Haggenmacher, «Reise im Somali-Lande 1874», in: *Petermann's Geographische Mitteilungen*, Gotha 1876.

Richard Hill, *A Biographical Dictionary of the Sudan*, New York 1967.

Johann Victor Keller-Zschokke, *Adolf Haggenmacher*, Aarau 1903.

Paul Santi u. Richard Hill, *The Europeans in the Sudan 1834–1878*, Oxford 1980.

9 Eduard Spelterini

Arbeitskreis für die Erstellung der Gemeindechronik, «Eduard Schweizer (Spelterini)», in: *Geschichte der Gemeinde und der Pfarre Neukirchen an der Vöckla*, S. 193–198, Neukirchen 1985.

Paul Bächtiger, «Eduard Spelterini, Meister der Vogelperspektive», in: *Toggenburger Annalen 1997*, 24. Jahrgang, S. 105–110, Bazenheid 1997.

Hans R. Degen, «Eduard Spelterini», in: *Schweizer Pioniere der Wirtschaft und Technik*, Bd. 63, S. 39–57, Meilen 1996.

Jakob Christoph Heer, *Im Ballon. Fahrten des Capt. Spelterini*, Zürich 1892.

Ders., *Die Luftfahrten des Herrn Walter Meiss*, Zürich 1913.

Albert Heim, Julius Maurer, Eduard Spelterini, *Die Fahrt der «Wega» über Alpen und Jura am 3. Oktober 1898*, Basel 1899.

Ders., «Notizen über den Tod durch Absturz», in: *Jahrbuch des Schweizer Alpenclubs*, Bd. XXVII, 1892.

Karl May, *Am Jenseits. Reiseerzählung*, Bd. 25, S. 404, Bamberg 1950.

Erik Nørgaard, *Den gik alligevel Granberg*, Kopenhagen 1970.

Ders., *The book of balloons*, New York 1971.

Ernst Theodor Santschi, «Spelterini. Ein Flugpionier», in: *Ebauches-Hauszeitung*, Nr. 2/1952, Grenchen 1952.

Ernst Schaub, *Dorffest Läufelfingen. Festschrift*, Läufelfingen 1978.

Eduard Spelterini, *Über den Wolken* (Bildband), mit einem Vorwort von Eduard Spelterini, einer Einführung von Prof. Albert Heim und einer Hommage des *Figaro*-Journalisten Emile Gautier, Zürich 1928.

Franz Xaver Weissenrieder, «Zur Kapitän-Eduard-Spelterini-Gedenkfeier in Bazenheid-Kirchberg 31. Juli 1932», in: *Toggenburger Vereins-Revue. Illustrierte Monatszeitschrift*, 1. Jahrgang, Heft 3, S. 79–99, Bazenheid 1932.

Kazanskiy birzhevoy listok (Kazaner Börsenblatt), 24.8.1889.

Neue Zürcher Zeitung 29.7.1891, 2.6.1922, 17.9.1926, 21.9.1926, 17.6.1931.

New York Times 10.6.1876, 13.6.1909, 25.9.1926, 24.4.1927.

Oberösterreichischer Gebirgsbote 18.6.1931 (Nachruf auf Spelterini) sowie 14. und 21.7.1934 (Enthüllungsfeier Spelterini-Denkmal).

Russky Kurier (Moskauer Tageszeitung) 25.7.1889.

Volzhskiy Vestnik (Der Wolga-Bote) 11.8.1889.

Diverse Akten aus den Archiven von Basel, Bazenheid, Kazan, Läufelfingen, Liestal, Lugano, Moskau, Neukirchen, Paris, Vöcklabruck, Zipf und Zürich.

10 Isabelle Eberhardt

Lesley Blanch, *The Wilder Shores of Love*, New York 1954.

Edmonde Charles-Roux, *Isabelle du désert*, Paris 2003.

Isabelle Eberhardt, *Dans l'ombre chaude de l'Islam*, Paris 1905.

Dies., *Notes de Route*, Paris 1908.

Dies., *Pages d'Islam*, Paris 1920.

Dies., *Le Trimardeur*, Paris 1922.

Dies., *Mes Journaliers*, Paris 1923.

Dies., *Au pays de sables*, Paris 1944.

Eglal Errera, *Sept années dans la vie d'une femme. Isabelle Eberhardt*, Arles 1987.

Annette Kobak, *The Life of Isabelle Eberhardt*, London 1988.

Lamia Ben Youssef Zayzafoon, *Isabelle Eberhardt ou «la roumaine convertie». A case study in female orientalism*, Oxford 2005.

Staatsarchiv des Kantons Genf, Akten des Justiz- und Polizeidepartements, GA 11, Dossier Nr. 928 (1887–1900).

11 Pierre Gilliard

Alexandra Feodorovna, *Lettres de L'Impératrice Alexandra Feodorovna à L'Empereur Nicolas II*, Paris 1927.

Pierre Gilliard, *Le Tragique déstin de Nicolas II et de sa Famille*, Paris 1921.

Ders., *Morceau de Vie. Trois années en Sibérie 1917–1920*, Daktylographiertes Manuskript, Universitätsbibliothek Lausanne.

Ders., *Portrait de l'Impératrice et de l'Empereur*, Manuskript, Universitätsbibliothek Lausanne.

Ders., Briefe, Tagebücher, Aufzeichnungen, Universitätsbibliothek Lausanne.

Marie Gilliard-Malherbe, *A l'étroit dans ma peau de femme. Souvenirs 1900*, Lausanne 2001.

Daniel Girardin, *Précepteur des Romanov. Le destin russe de Pierre Gilliard*, Lausanne 2005.

12 Fritz Zwicky

Roland Müller, *Fritz Zwicky, Leben und Werk des großen Astrophysikers, Raketenforschers und Morphologen*, Glarus 1986.

Fritz Zwicky, *Jeder ein Genie*, Glarus 1971.

Ders., *Entdecken, Erfinden, Forschen im Morphologischen Weltbild*, Glarus 1966.

Ders., *Morphologische Forschung*, Glarus 1982.

Neue Zürcher Zeitung 17.11.1946.

Bildnachweis

Seite 22 Marie Grosholtz im Alter von siebzehn Jahren, unbekannter Künstler (Madame Tussaud's Archives).

Seite 38 Jacques-Louis David, *La mort de Marat*, 1793. © AKG Images, Berlin/Erich Lessing.

Seite 52 Regula Engel nach ihrer Heimkehr in die Schweiz, Portrait 1821.

Seite 56 Ferdinand Hassler, erster Leiter der nordamerikanischen Küstenvermessung (Library of the National Oceanic and Atmospheric Administration, Washington).

Seite 81 Samuel Johann Paulis Fliegender Delphin. Aus: *The History of Aeronautics in Great Britain*, London 1924.

Seite 97 Griechenland auf den Ruinen von Missolunghi, gemalt von Eugène Delacroix, 1826 (Musée des Beaux-Arts, Bordeaux).

Seite 111 Maria Mannings letzte Stunde. Aus: Robert Huish, *The Progress of Crime*, London 1849.

Seite 126 Afrikaforscher Adolf Haggenmacher (Archiv Max Baumann, Stilli).

Seite 152 Werbeplakat für einen Ballonaufstieg Eduard Spelterinis mit Leona Dare.

Seite 166 Isabelle Eberhardt im Alter von achtzehn Jahren in arabischen Männerkleidern, fotografiert in Genf 1895.

Seite 180 Pierre Gilliard beim Holzsägen mit Zar Nikolaus II. (Musée de l'Elisée, Lausanne).

Seite 194 Professor Fritz Zwicky beim Unterricht (Fritz Zwicky-Stiftung, Glarus).